■新股民**从零开始**学炒股系列

把握全局，不偏不倚方可有效规避风险；
顺势而为，紧跟大盘才能打开获利之门。

从零开始学 趋势

（第三版）

韩　雷◎编著

正确的操盘策略就是在上升趋势中耐心地持股待涨，在下跌趋势中耐心地持币观望，这样才能赚取利润，实现"顺势获利"的最终目的。

经济管理出版社
ECONOMY & MANAGEMENT PUBLISHING HOUSE

图书在版编目（CIP）数据

从零开始学趋势/韩雷编著. —3 版. —北京：经济管理出版社，2015.10
ISBN 978-7-5096-3936-8

Ⅰ. ①从… Ⅱ. ①韩… Ⅲ. ①股票交易—基本知识 Ⅳ. ①F830.91

中国版本图书馆 CIP 数据核字（2015）第 203939 号

组稿编辑：勇　生
责任编辑：胡　茜
责任印制：黄章平
责任校对：车立佳

出版发行：经济管理出版社
　　　　　（北京市海淀区北蜂窝 8 号中雅大厦 A 座 11 层　100038）
网　　址：www. E-mp. com. cn
电　　话：(010) 51915602
印　　刷：三河市延风印装有限公司
经　　销：新华书店
开　　本：720mm×1000mm/16
印　　张：16
字　　数：253 千字
版　　次：2016 年 1 月第 3 版　2016 年 1 月第 1 次印刷
书　　号：ISBN 978-7-5096-3936-8
定　　价：48.00 元

第三版序

　　有股票交易经验的投资者会有一个共识：股票市场投资风险大，规避风险获得利润是一件看似简单却难以实现的事情。要获得稳定的投资回报，我们需要在牛市中买卖股票。只要我们有自己的一套交易策略，获得收益就并非难事。股市经历了 2009 年 7 月到 2014 年 7 月长达 5 年的熊市调整后，终于在 2014 年下半年进入牛市状态。截至 2015 年 5 月底，上证指数收盘在 4500 点的时候，涨幅已经高达 150%，创业板指数上涨 400% 以上。我们显然不应该错过这波大牛市。在牛市中，上证指数还未突破历史高位的时候，个股早已经处于突破的边缘或者已经再创新高。

　　在新的牛市行情中，我们可以利用已有的交易策略来买卖股票，同样可以收到较好的投资效果。与以往不同的是，这一次涨幅较大，而个股当中牛股辈出。行情转暖的时候，把握交易机会的投资者，可以是超短线买卖的投资者，也可以是中长期持股的投资者。

　　根据不同的交易策略需要，我们判断行情的时候，可以选择 K 线、技术指标等完成短线交易，提升每一次买卖的盈利空间。当然，我们要想获得中长期的盈利机会，可以在均线交易、趋势线交易和跟庄交易上下功夫，获得庄家买卖股票的信息，提升把握中长期盈利机会的能力。

　　短线买卖的时候，每一次都能有机会获得 10%~30% 的利润；而中长期交易的时候，卖出股票时获得翻倍收益的概率很大。在牛市行情中，我们短线交易盈利的机会很多，低买高卖是个不错的交易手段。即便短线买入股票后出现亏损，随着股票指数的反弹我们还是能够继续盈利的。在中长期回升趋势中，我们可以利用股票指数调整的机会增加持股资金，在中长期的回升走势中获得收益。

　　技术分析过程中，我们可以通过学习最基本的 K 线、均线、指标、趋势、短线交易策略等获得收益。如果我们能够在各种走势中融会贯通地运用这些指标，那么盈利是迟早的事情。从短线交易到跟庄和战胜庄家，我们有很多需要学习的地方。"新股民从零开始学炒股系列"丛书，内容涉及 K 线、均线、指标、趋势、短线和跟庄等全面的技术分析内容。在经过修订后的本系列第三版的书中，我们将更好、更新的实战案例融入进来，为投资者提供更贴近实战的交易手法。

在牛市出现的时候，各种技术指标也会出现不同于以往的复杂变化。不过，指标变化万变不离其宗，按照本系列第三版书中所讲的内容，我们不难发现交易机会并可获得稳定的投资回报。值得一提的是，本系列第三版图书的内容并非只针对特定案例做出特定的买卖策略解读，实际上，书中的案例全部是可以参考的操作策略。我们要善于把握交易机会，举一反三地运用买卖方法，提高交易的准确性。

升级版的牛市需要升级版的技术分析方法，在牛市当中，牛股有更好的波动潜质，而技术指标的变化也是有迹可循的。我们平时常见的指标形态和价格走势，会在牛市中表现得更加出色。当然，相应的交易机会就更不能错过了。围绕 K 线、趋势等技术分析方法，我们能在实战交易中做得更好。

不同的牛市行情有不同的牛股走势，在 2014 年 7 月以后的牛市中，成交量远超过历史量能。融资融券活跃，股指期货、期权蓬勃发展，我们应当以平常心看待牛市。从零开始学习股票交易的过程，也可以获得超过指数的投资回报。

前　言

进入股市后，我们常常听到"趋势"这个词语，股评中会常常提及趋势，股民的谈论中也会经常提及趋势，"上升趋势"、"下跌趋势"以及"顺势而为"等用语更是以极高的频率出现。那么，究竟什么是趋势呢？在我们平常的炒股中，它又扮演着什么样的角色呢？其实，趋势是技术分析方法的核心内容，也是我们理解和预测价格走势的关键要素。

股市中的趋势指的是价格运行的大方向，而价格运行的大方向无非有三种，即上升、横向和下降。因而，价格运行的三种趋势就相应地对应为：上升趋势、横盘震荡趋势以及下跌趋势。顺应趋势的发展方向进行操作，我们可最大限度地获取利润并规避风险；反之，"逆市而动"则将使我们处于极为不利的境地。谁能真正地理解趋势、掌握趋势并熟练地运用趋势，谁就等于打开了股市的获利之门，但由于"趋势"所涉及的内容较多、较深，因而，想要真正掌握它绝非一朝一夕的事情。本书中，我们将由浅入深地全面讲解如何识别趋势、如何把握趋势，并最终达到运用趋势来实现获利的目的。

本书内容由浅入深、由入门到实战，真正做到了"从零开始"，以便读者最终学好趋势、用好趋势。在第一章至第三章中，我们结合了道氏理论与波浪理论，系统全面地论述了股市中的趋势运行规律，这些内容将使读者对趋势不再陌生，并能透彻地了解到股市中为何有趋势、趋势运行有什么特点、趋势的运行过程如何等内容。

无论是宏观经济走势、周边市场震荡，还是区域政策出台或是大股东增持减持，各种因素都是影响价格趋势运行的内因。那么，这些因素是如何影响价格走势的呢？我们又将如何把握呢？第四章是较为独立的一个章节，我们通过讲解影响价格走势的各种因素，来进一步透析趋势发展并持续下去的原动力。

　　一轮趋势的行进、发展、转向等各种不同的运行状态都是有迹可循的，这些踪迹就隐藏在看似平淡无奇的盘面信息中。第五章至第八章是全书的重点所在，我们将结合大量的实例，详细地讲解如何利用不同的技术分析手段来识别各种不同趋势的运行状态、识别趋势的转向等内容。学好这些内容，我们就可以对价格的总体走向做到心中有数，从而做出在上升趋势中耐心持股待涨、在下跌趋势中耐心持币观望的正确操盘决策，赚取市场中的大波段利润，从而实现"顺势获利"的最终目的。

　　在最后两章中，我们主要讲解了主力的控盘过程、主力的操盘手法等内容。由于主力的整个控盘过程其实就是趋势的一轮演变过程，因而，这为我们学习趋势、理解趋势提供了一个崭新视角。此外，主力重点参与的个股往往也是极易诞生黑马的个股。那么，如何透过盘面迹象来识别某只个股是否有主力重点参与，是否会成为翻倍黑马股呢？对于这些较深且极具吸引力的内容，我们放在了全书的最后一章进行讲解。

目　录

第一章　懂趋势，意义重大

谁能真正理解趋势、掌握趋势并能熟练运用趋势，谁就等于打开了股市的获利之门。但由于趋势所涉及的内容较多、较深，因此，想要真正掌握它绝非一朝一夕的事情。本章中，我们首先来接触趋势，了解趋势，把握趋势，以便为日后的学习打下一个良好的基础。

第一节　趋势是一种客观规律

"趋势"一词在汉语字典中的解释为：事物或局势发展的动向，这种发展动向具有客观性且不以人的主观意志为转移。在统计学中，趋势具有时间性，主要是指时间轴上的某个可见动向，是一种线性发展的客观规律。可以看出，趋势代表一种较为确定的发展方向，当我们使用"趋势"这一词语时，往往是指代某种事物的明确方向或动向。例如，"封建社会的消亡是历史发展的必然趋势"、"看清世界发展的趋势"、"紧跟科技发展的趋势"等，就暗含了趋势所具有的"沿时间顺序线性发展、具有明确的方向性"这一层含义。

我们可以把趋势看作一种客观规律，它是人们对社会发展过程的一种总结。我们可以做一个简单的类比，"四季交替是地球公转所形成的自然规律"，趋势则可以理解为"社会发展的一种客观规律"。

将"趋势"这一用词引入到金融市场中，它指的是价格走势的某种客观规律性，而且这种走势是不以人的意志为转移的。那么，金融市场中（包括股市）的价格走势所具有"趋势性"究竟指代什么呢？它是以何种形式表现出来的呢？接下来我们将介绍股市中的趋势运行规律。

第二节　股市中的趋势指什么

　　股市中的趋势指的是价格运行的大方向，而价格运行的大方向无非有三种，即上升、横向和下降。因而，价格运行的三种趋势就相应地对应为：上升趋势、横盘震荡趋势和下跌趋势。很多投资者可能会问：价格走势真的具有较为明确的大方向吗？"实践是检验真理的唯一标准"，我们不妨先从上证指数的走势来直观地了解一下。

　　图1-1为上证指数2006年1月至2007年10月期间走势，我们可以清晰直观地看到，股市处于持续上涨的上升趋势中，虽然在整个上升过程中充斥着回调、盘整震荡走势，但价格向上运行的大方向却极为明确。如果我们的头脑中没有"趋势"的概念，则很难理解这种持续上涨、累计涨幅巨大、股市估值远远高于真实价值的走势，也不可能在实盘操作中获取丰厚的利润。

　　图1-2为上证指数2008年10月至2014年7月期间走势，我们可以清晰直观地看到，在此期间的股市是处于持续下跌的趋势中，虽然在整个下降过程中充斥着反弹、盘整震荡走势，但价格向下运行的大方向却极为明确。

　　通过上述两例，我们可以看到，趋势持续时间长、持续力度大，可以在较长的时间跨度内反映价格走势的大方向，只有理解趋势、看准趋势和把握趋势，我们才能更好地进行实盘操作。

　　两个例子并不能真正解决"股市中是否存在趋势"这个问题，很多投资者可能会问，如果股市中没有所谓的趋势，那么，我们的研究、分析不都成为无源之水、无根之木了吗？其实，这种担心是多余的，"趋势"是一种建立在大量真实价格走势之上的抽象化产物，它的形成过程与通常的科学定理的形成过程并无二致。科学定理的发现及形成遵循了"总结经验—抽象经验—形成理论—用新的经验来验证这一理论—（理论经得起验证的前提下）解释经验"这样一种过程。同样，股市中趋势的产生也经历了这样一个过程，从道氏理论最先总结并归纳出趋势，时至今日，人们利用趋势可以很好

图 1-1 上证指数 2006 年 1 月至 2007 年 10 月期间走势图

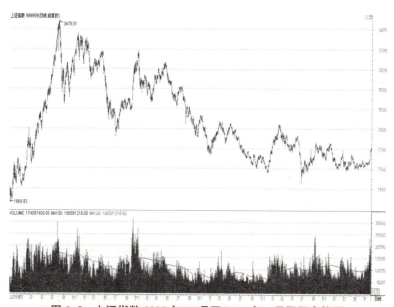

图 1-2 上证指数 2008 年 10 月至 2014 年 7 月期间走势图

地解释股市的运行规律，反过来，股市的实际走势也验证了趋势的客观存在性。可以说，股市中的趋势的确是客观存在的，它并非是某些投资者"闭门造车"的产物，也不是"纸上谈兵"的空洞理论，它是经得起检验的金融定律。

在为股市中的趋势进行定性之后，我们就可以沿纵深方向继续探讨趋势了。本章中，我们只是简单接触趋势、了解趋势，使读者对其有一个直观、感性的认识。在随后的各章节中，我们会从各个角度、各个侧面对趋势进行全方位的解读，帮助读者在最短的时间内完整地掌握关于趋势的全部内容，并能成功地利用趋势在实盘操作中获利。

第三节　做多获利机制与做空获利机制

国内股市是一个以做多方式为主要获利机制的市场，这也是广大投资者"一边倒"地希望股价上涨而很少有投资者希望股价下跌的原因所在，因为下跌对投资者来说意味着蚀利与亏损。下面就具体了解一下什么是做多获利机制以及什么是做空获利机制。

做多获利机制也称为"先低买，再高卖"的获利机制，即投资者先在相对低点位买入股票，随后待股价上涨后，再在相对高位区抛出，从而赚取差价利润，如图1-3所示。如果在投资者买入股票后，股票价格不升反跌，则投资者将会遭受亏损。

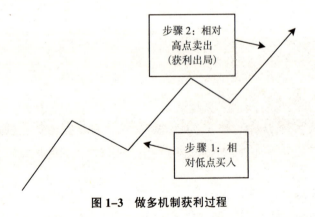

图1-3　做多机制获利过程

做空获利机制则刚好相反，它是一个"先高卖，再低买"的获利过程，即投资者首先于相对高点进行卖出操作，随后当价格下跌后，再买入平仓的一种获利机制。如果在投资者卖出后，价格不跌反升，则投资者将遭受亏损。做空机制下的获利过程如图 1-4 所示。

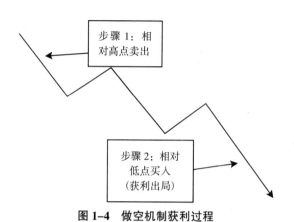

步骤 1：相对高点卖出

步骤 2：相对低点买入（获利出局）

图 1-4 做空机制获利过程

做空机制是一种常见于期货市场与外汇市场的获利机制，但随着国内融资融券业务的推出，沪深 A 股市场中的少数股票也可以进行做空操作，我们把这些可以做空的股票称之为标的股票。此时，券商要先购入一定量的标的股票以提供给那些有做空意向的投资者。但这种股票数量极少，且对投资者的资金门槛要求较高、交易成本较高，因而，它并不是股市中的主流获利机制。就目前而言，它多是某些实力强大的机构资金或是私募基金规避股市系统性风险的一种手段，可以说，股市中的做空操作并不适合散户投资者。

理解了做多机制与做空机制后，再结合股市的趋势运行规律，我们就可以更好地进行实战操作，并利用趋势运行从中获利了。本书中，如不特别强调，则所讲的获利方法、获利机制均指做多获利机制。

第四节　顺应趋势，可轻松获利

股市中的趋势运行规律既是股市整体（即指数）走向的反映，也是个股股价走向的反映，在本书中，我们将"指数走势"与"个股走势"一律统称为"价格走势"。

股市中的获利讲究"顺势而为"，其中的"势"就是指趋势，顺应趋势的发展方向进行操作，我们可最大限度地获取利润且最大限度地规避风险，反之，"逆市而动"则将使我们处于一种极为不利的境地。

"顺势而为"是指在不同的趋势运行背景下，我们应采取不同的操作策略，简单来说，上升趋势中最为稳妥的获利之道是"持股待涨"，下跌趋势中最为稳妥的规避风险之道则是"持币观望"，横盘震荡趋势中则是"出击强势股"与"高抛低吸"相结合的操作策略。下面我们结合实例来看看如何顺应趋势获得收益。

图1-5为滨州活塞（600960）2008年12月23日至2010年4月8日期间走势，如图所示，此股在此期间处于上升趋势中，如果能及时地捕捉到上升趋势的出现，从而选择在上升趋势初期介入此股，并采取持股待涨的操作手法，则股民将获利丰厚；如果未能在第一时间内介入此股，则借助上升途中的回调走势在相对低位介入，也是一个不错的选择。这两种操作都能达到顺势而为的操盘目的，从而利用上升趋势轻松获利。

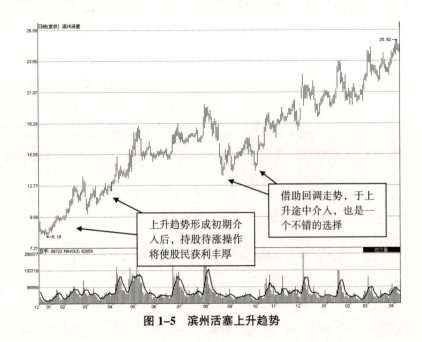

图1-5　滨州活塞上升趋势

　　图 1-6 为株冶集团（600961）2008 年 10 月 28 日至 2009 年 8 月 4 日期间走势，如图所示，此股在近一年的时间里，其上升趋势的运行状况是十分明确的，如果股民结合趋势运行的情况来进行实盘操作，则可以不必关注股市的细微波动，而实现"睡觉也能赚钱"的愿望。

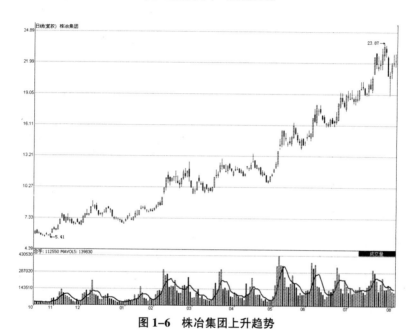

图 1-6　株冶集团上升趋势

　　图 1-7 为岳阳纸业（600963）2007 年 10 月 18 日至 2008 年 9 月 1 日期间走势，如图所示，该股在此期间处于震荡下跌走势中，此时利用做多机制进行获利就相对困难。这种持续下跌的走势，我们习惯上将其称为熊市。对于散户投资者来说，熊市往往就是一个亏损市，这主要是因为投资者往往将牛市（即上升趋势）或横盘震荡趋势中的操作策略不分青红皂白地应用到熊市当中。

　　在熊市中，我们或是采取中长线持币观望、不入场的操作策略，或是如图中标注的利用阶段性的反弹走势参与短线买卖操作。对于第二种策略来说，难度相对较大，它需要投资者冷静、客观，且有充分的经验积累。

　　图 1-8 为升华拜克（600226）2007 年 2 月 13 日至 2008 年 9 月 2 日期间走势，如图所示，此股在此期间处于横盘震荡趋势中，此时的"持股待涨"与"持币观望"均不是有效的操盘策略。"持股待涨"将使得股民遭遇"过山

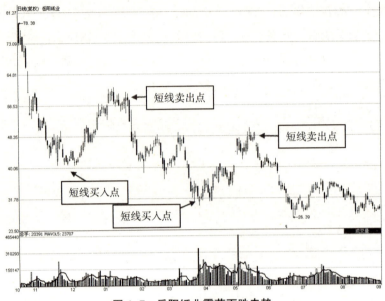

图 1-7　岳阳纸业震荡下跌走势

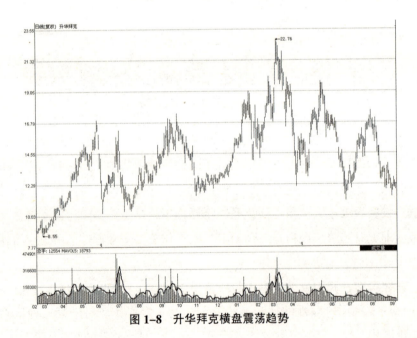

图 1-8　升华拜克横盘震荡趋势

车"的情况，最终的利润也不会增长许多；"持币观望"则会错失良好的获利机会。此时，结合个股走势进行高抛低吸的波段操作是最好的获利方式，但前提是股民已经认清此股的这一趋势运行状态。

通过前面几个实例的讲解，可以看到，要想更好地获利，股民就应准确地识别出趋势运行状态，只有这样才能更好地把握住趋势并借助趋势达到轻松获利的目的。在后面的章节中，将详细讲解如何利用各种方法和技术工具来识别趋势、把握趋势。

第五节　无视趋势，必伤痕累累

顺应趋势才可轻松获利，逆势而为必定伤痕累累。很多投资者自恃盘感较强，对股价的短期走势往往信心十足，从而主观臆断地进行短线操作，自认为可以在今买明卖的超短线操作中获取短线差价利润。殊不知，在实盘操作中忽视趋势运行情况是成功获利的大忌。从下面的实例就可以看到无视趋势运行的后果。

图1-9为鲁商置业（600223）2008年9月22日至2009年4月8日期间走势，从中可以清晰地看到此股处于明确的上升趋势中。如果在上升趋势初期、5元/股附近时买入此股，那么，当此股涨幅接近一倍、股价达到9元区

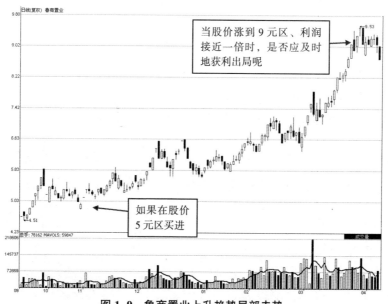

当股价涨到9元区、利润接近一倍时，是否应及时地获利出局呢

如果在股价5元区买进

图1-9　鲁商置业上升趋势局部走势

时，股民是否应获利出局呢？毕竟接近一倍的利润已经不少了，对于广大的散户投资者来说，此时抛出股票绝对是完成了一次成功的交易。

然而，实际的情况却是：如果股民此时抛压，虽然可以获得不小的利润，但却并没有真正做到顺势而为的操作。此时卖出股票，可以说是一次主观臆断顶部的逆势操盘。

从此股的中长线角度来看，它此时的价位仍然处在上升趋势中，图 1-10 显示该股在 2009 年 4 月 8 日前的走势全景，从这张走势图中可以看到，相对于 2008 年初的最高价而言，2009 年 4 月的价位并不处在一个过于高估的泡沫区间，而且此时，也丝毫看不出上升趋势见顶或是反转的迹象。

图 1-10 鲁商置业 2009 年 4 月 8 日前走势全景

上升趋势也称为牛市行情，一旦牛市行情出现，它完全有可能将股价推到我们难以想象的高度。在明确的见顶迹象出现前，"顺势而为"的操盘方法就是耐心持股，而不是毫无依据地主观臆断顶部的出现，从而盲目预测顶部区的到来。只有做到耐心持股、等待明确见顶信号出现，我们才可以在难得一遇的牛市行情中获取最大的利润，不错失市场良机。图 1-11 显示了此股 2009 年 4 月 8 日后的走势情况，从中可以看到，此股随后仍然有不小的上涨空间。

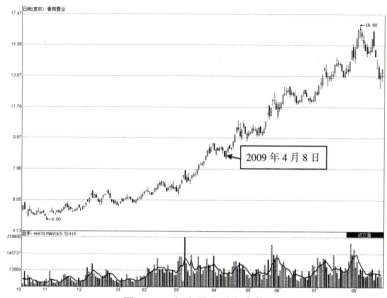

图1-11 鲁商置业后期走势

如果说上升趋势中逆势而为的行为主要体现在主观臆断、过早"逃顶"上，那么，下跌趋势中逆势而为的行为则体现在主观臆断、过早"抄底"上。上升趋势中逆势而为的操作并不会使我们蒙受损失，投资者最多只是面临踏空的尴尬情况，并不会带给投资者血的教训。但是下跌趋势中逆势而为的操作则会使投资者承担本金亏损甚至是短时间大幅度亏损的后果。很多投资者在经过熊市之后，往往会对股市产生一种"绝望"而不愿意再入市的情绪。其实，这与投资者在下跌趋势中反复抄底、反复被套、反复"割肉"出局，从而致使本金严重亏损是直接相关的。

图1-12为西部矿业（601168）2007年8月14日至2008年3月10日期间走势，如图所示，此股在此期间处于震荡下跌趋势之中，从高点68元/股附近一路跌至30元/股附近，累计跌幅达50%，可谓跌幅不小。但此时是抄底买股的时机吗？如果此时买入股票会有怎么样的结果呢？

答案是：此时买股就属于盲目预测底部的逆势而为的操盘行为。因为此股的下跌趋势明确，且当跌至30元/股附近时，并无明确的见底信号，此外，从估值角度分析，此股由于受业绩不出色、盈利能力下滑等因素的影响，其估值状态并不低，即便是从价值投资的角度来考虑价格走势的趋势运行规律，这一价位也不具有吸引力。图1-13显示了此股在随后的走势，从中可

图 1-12　西部矿业下跌趋势局部走势

以看到随后股价仍然沿着原有下跌趋势继续运行，股价最低跌至 6 元/股附近才止住了跌势，其累计跌幅（相对于最高点）竟然高达 90%。如果投资者在下跌途中总是抱有"个股已跌幅过深，难以再度下跌"的心态，而无法做到

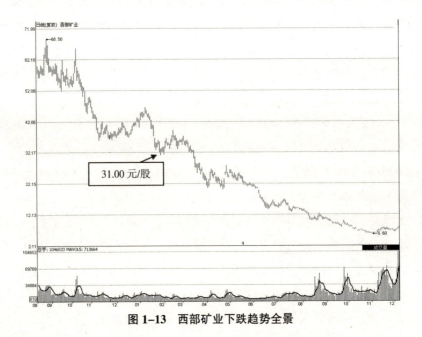

图 1-13　西部矿业下跌趋势全景

耐心持币观望，则将面临本金严重亏损的状况。

图1-14为中国铝业（601600）2007年9月至2008年11月期间走势，如图所示，此股在整个下跌趋势完成之后，其累计跌幅达到90%，如果我们不懂得下跌趋势中顺势而为的操作策略是持币观望，而凭主观意愿盲目预测底部价位区，则很有可能出现抄底"抄"在了下跌途中，从而导致损失惨重的不利境况。

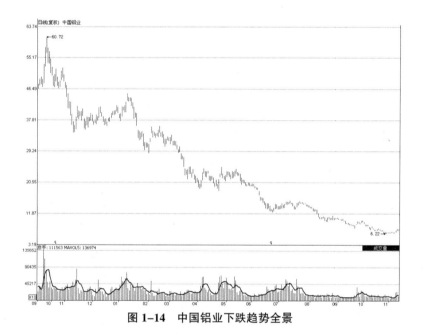

图1-14 中国铝业下跌趋势全景

图1-15为中国太保（601601）2009年6月22日至2010年7月28日期间走势，此时的个股处于横盘震荡趋势中，如果股民不顾当时的趋势运行情况，而采取持股待涨或是持币观望的操作策略，则无疑浪费掉了市场提供的良好短线获利机会。

通过上述的大量实例，股民可以清醒地认识到：不顾趋势的运行情况，展开逆势操作，轻则减少获利，重则大幅亏损。在这种境况下，如果股民长期游弋于股市，最终的结果必定是亏损离场、离开股市。因而，懂得顺势而为、避免逆势而动才是获利的上策。第二章，我们将从零开始，从最早系统性地论述趋势运行规律的道氏理论说起，力图为股民更好、更快、更深入地理解趋势运行打下基础。

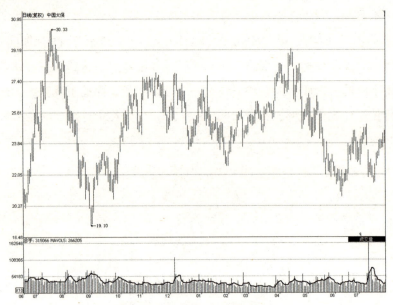

图 1-15　中国太保横盘震荡趋势

第二章 零起步，从道氏理论 开始"谈"趋势

道氏理论最早对股市中的趋势运行规律进行了系统化的论述，由于"趋势"是所有技术分析方法中的基础性概念，因此，道氏理论可以称得上是技术分析领域中的鼻祖理论。在道氏理论之后，其他的各种技术分析理论、技术分析方法如雨后春笋般"破土而出"。

但美中不足的是：道氏理论是以股市整体（即大盘指数）作为研究对象的，并没有阐述个股的走势。后人在借鉴、总结道氏理论的基础之上，发现这一理论也可以很好地解释个股的趋势运行情况，这大大拓展了道氏理论的应用范围，也使得道氏理论更加深入人心。本章中，我们将结合指数、个股走势，全面解读道氏理论。

第一节 道氏理论的三大假设

道氏理论是一个系统完备性极强的理论，众所周知，一个完备的系统往往都是从少数几个先验为真的前提假设出发，从而推导出丰富多彩的内容，这少数几个前提假设是人们总结经验的产物，它们先验为真、无须验证。例如，立体几何学就是建立在少数几个先验为真的公理之上的，这些公理简单且毋庸置疑。那么，道氏理论的三个前提假设又是什么呢？

1. 主要趋势不会受到人为操作的影响

主要趋势就是价格走势的大方向，我们在此之前所讲解的上升趋势、下跌趋势和横盘震荡趋势都属于主要趋势。这一假设指出：主要趋势的运行方

向有其客观规律，不为投资者意志所转移。

2. 市场指数包容消化各种影响因素

由于道氏理论主要研判的是股市的走向，而指数又是股市走向的外在表现形式，因而，可以用指数的走势来指代股市的走势。这一假设指出：虽然股市会受到金融政策、领导人讲话、突出事件等多种因素的影响，但每一种因素的影响程度最终都将通过指数走势表现出来。因而，在面对纷繁复杂的各种消息时，我们只需关注指数本身的走势即可。

3. 道氏理论是客观化的分析理论

这一假设指出：道氏理论仅仅是一种客观揭示股市运行规律的理论，投资者通过道氏理论可以更好地理解股市的运作，在实际使用中，也应依据股市的真实走势情况来客观地运用这一理论，而不是凭主观臆断进行操作。

道氏理论与我们经常遇到的技术分析领域的三大假设极其相似，其实，技术分析领域的三大假设正是以道氏理论的这三种假设为基础的，这也是将道氏理论称为"技术分析领域开山鼻祖理论"的原因所在。

技术分析领域的三大假设分别是："价格依趋势运行"、"市场行为涵盖一切"、"历史往往会重演"。其中前两条与"主要趋势不会受到人为操作的影响"、"市场指数包容消化各种影响因素"是一致的，不同的只是第三条，"历史往往会重演"是指：相似的价格走势、量能形态等盘面数据由于体现了较为特定的市场交投情况，因而，它们往往预示了相同的后期走势。在了解了道氏理论的前提假设之后，就可以逐步解读它的核心内容，接下来将简要罗列道氏理论的主要内容。

第二节　道氏理论主要内容概述

道氏理论（Dow Theory）起初来源于华尔街日报记者、道琼斯公司共同创立者查尔斯·亨利·道（1851~1902 年）的社论，查尔斯·亨利·道根据 11 种具有代表性的铁路公司的股票，采用算术平均法编制成了可以反映股市整体走向的道琼斯指数。

当时市场中的绝大多数投资者都认为股价的走势与其他股票之间没有关系，因而，研究股市全体个股的平均走势是没有意义的。这种观点在今天看来是很荒谬的，但是在当时却是主流观点。在此背景下，查尔斯·亨利·道创设道琼斯指数并研究股市的运行规律，就显得十分具有开创性。

1902年，在查尔斯·亨利·道去世以后，威廉姆·皮特·汉密尔顿和罗伯特·雷亚继承了道氏理论，他们所著的《股市晴雨表》、《道氏理论》成为后人研究道氏理论的经典著作。今天，我们所用到的道氏理论是查尔斯·亨利·道、威廉姆·皮特·汉密尔顿和罗伯特·雷亚这三人共同的研究成果。

道氏理论的最伟大之处在于其宝贵的哲学思想，它通过指数反映股市的走势，并借助指数的运行来揭示股市的运行规律。道氏理论系统性地论述了股市中的趋势运行规律，其核心内容可以概括为以下几点：

1. 股市运行存在三种趋势

道氏理论将股市的走势依据其性质的不同分为三种趋势，即基本趋势（也称为主要趋势）、次级趋势和短期趋势（道氏理论所称的"趋势"与我们常说的反映价格运行大方向的趋势有所不同，在这里，可以将"趋势"这一词理解为走势）。

基本趋势是大规模的、中级以上的上下运动，通常持续一年或有可能数年之久，并导致股价增值或贬值20%以上。基本趋势依据方向性可以分为三种，即基本上升趋势（简称上升趋势）、基本下跌趋势（简称下跌趋势）、基本横盘震荡趋势（简称横盘震荡趋势或盘整趋势）。

次级趋势出现在基本趋势的运行过程中，它们与基本趋势的运动方向相反，是对基本趋势的调整与修正。例如，上升趋势中的回调走势、下跌趋势中的反弹均属于次级趋势。次级趋势的持续时间相对较短，多在一周或几周内即可结束，且震荡幅度不大，对原有主要趋势的修正幅度一般为一波上涨（上升趋势中）或下跌（下跌趋势中）中的1/3或2/3。

短期趋势反映了股价在几天之内的变动情况，多由一些偶然因素决定。

图2-1标示了这三种趋势，从数字"1"到数字"6"的整个运动过程可以归入基本趋势，对于此图而言，基本趋势的运动方向是向上的。从数字"2"至数字"3"这一段与基本趋势运动方向相反的走势，为次级趋势，对于此图而言，次级趋势为上升趋势中的回调走势。从"A"到"B"这样的小

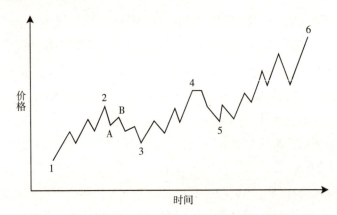

图 2-1　道氏理论中的基本趋势、次级趋势和短期趋势形态

波动为短期走势，多由一些偶然因素导致。

2. 基本上升趋势可分为三个阶段

依据趋势的运行过程，可以将基本上升趋势划分为三个阶段：筑底阶段、持续上涨阶段和拔高见顶阶段。

3. 基本下跌趋势可分为三个阶段

依据趋势的运行过程，可以将基本下跌趋势划分为三个阶段：筑顶阶段、持续下跌阶段和恐慌性探底阶段。

4. 交易量是验证基本趋势的辅助工具

交易量也就是我们所说的成交量，其计算式一般有两种，一种是单边计算法，即成交量=单位时间内买方买入的股票数量=单位时间内卖方卖出的股票数量；另一种是双边计算法，是将单边计算法的数值乘以 2，即成交量=单位时间内买方买入的股票数量+卖方卖出的股票数量。国内股市中的成交量用单边法计算。

这一点指出成交量的形态变化可以用来验证基本趋势，例如，上升趋势中的量价齐升形态、下跌趋势中的持续缩量形态均可以直观清晰地反映出当时趋势运行状态，它是我们识别趋势、把握趋势的一种工具。但是需要注意的一点是：成交量仅仅是一种辅助性的工具，是对价格运动变化的参照和验证，当成交量的变化与当前的趋势运行出现矛盾时，股民仍然还是要以价格走势为主。

5. 只有当反转信号明确显示出来，才意味着一轮趋势的结束

这一点指出的是一轮趋势的反转并不是随意和毫无征兆的，而是有明确的反转信号。因而，我们在关注趋势的运行时，不可以盲目地预测顶部与底部，而应积极关注是否有反转信号出现，一旦一轮趋势形成并开始发展，它就具有极强的持续力，在没有明显的反转信号出现前，基本趋势就会沿着原有的方向持续运行下去。

就股市运行的实际情况而言，预示着一轮趋势结束或即将结束的反转信号有很多种，例如，上升趋势末期的"量价背离"形态、顶部区的"缩量滞涨"形态、顶部区的反转形态（K线组合形态）、下跌趋势末期的"放量滞涨"形态、底部区的反转形态（K线组合形态）等均属于预示趋势反转的信号。除此之外，技术指标线形态的变化、市场环境内外的变化和宏观利空因素等均可以成为反转信号。

这一点也是道氏理论所有内容中与实盘操作最紧密相关的，它指出：我们不应希冀自己成为市场的超人，而应客观地观察市场所发出的各种信号，并以此来判断基本趋势仍然会持续运行下去还是会出现反转。只有这样才能更好地进行顺势而为的操作，才不至于在上升趋势中过早卖出或是在下跌途中过早抄底入场。

第三节　价格运动的基本趋势

价格运行的三种基本趋势为：基本上升趋势、基本下跌趋势和横盘震荡趋势。

1. 基本上升趋势

上升趋势是价格运行大方向朝上的过程，在上升趋势中，股民可以看到价格走势呈现出"一波高于一波、一浪高于一浪"的形态，如果以"波峰"和"波谷"这两个概念来描述上升趋势的运行过程，那就是：上升趋势是一个"一峰高于一峰、一谷高于一谷"的运动过程。对于整个上升趋势来说，我们可以将其分为三个阶段：筑底阶段、持续上涨阶段和见顶前的拔高阶段。

筑底阶段是多方力量的积累阶段，股市是一个资金推动市，没有充足的做多力量是不可能步入持续上涨的上升通道的。这一阶段多出现在市场持续下跌后的低位区，此时，或是由于宏观经济的不景气，或是由于企业盈利能力未见好转，或是由于市场恐慌情绪的持续，股市难以在短时间内吸引大量的买盘入场，从而未出现快速反转。但当前过低的估值状态也使得卖方抛压大为减轻，且不少中长线投资者鉴于较低的估值状态，也开始陆续买入股票。

图2-2为上证指数2005年3月4日至2006年11月29日期间走势，如图所示，股市在经历了底部区的反复震荡筑底之后，开始步入到上升趋势中，正是因为有了筑底阶段所积累的充足做多力量，一轮大幅度的上涨行情才得以顺利展开。可以说，筑底阶段就是一个酝酿上升趋势的"发酵"阶段。

图2-2　上证指数筑底阶段

筑底阶段可长可短，这与当时的市场环境、交投情况以及投资者预期等因素密切相关。图2-3为上证指数2009年11月至2015年4月期间走势，如图所示，股市在经历2010年的大熊市后，持续下跌后的筑底走势就显得相对短暂，但即便如此，股市的筑底时间仍然达到了一年半，股民可以清晰地识别股指在这段时间内的筑底过程。

图 2-3　上证指数筑底阶段

持续上涨阶段是一个多方持续推升价格上涨、多方力量占据完全主导地位的阶段，在这一阶段，价格走势持续上涨且累计涨幅巨大，此时，伴随着价格走势持续上涨的外界利好因素也是多种多样的，如企业盈利能力增强、宏观经济走向令人期待、行业利好消息不断以及投资者情绪高涨等，在此期间，技巧娴熟的投资者可以从股市中获得高额的利润。

图 2-4 为上证指数 2006 年 9 月至 2007 年 5 月期间走势，如图所示，股市在此期间处于上升趋势中的持续上涨阶段，指数上涨挺拔有力，持续时间长、持续力度大，在这一阶段，股民可以看到典型的"量价齐升"形态，这正是成交量形态对于趋势运行的有力验证。

"见顶前的拔高阶段"出现在上升趋势末期，是股市见顶前的冲刺阶段，也是多方力量的最后一次集中释放，与其说是充足的多方力量推动了这一波上涨，还不如说是市场中的狂热情绪促成了这一波上涨。

在这一阶段，所有的市场信息都令人乐观，投资者情绪高涨，很多不熟悉股市的场外人士也开始加入进来。但过高的估值状态却是一个客观事实，它使得专业人士及投资者不得不以透支企业未来三年或五年的高速成长为解释的依据，但随着指数或股价的屡创新高，成交量却是不增反减，这是买盘力量越来越弱的表现，也是股市见顶的明确信号。

图 2-4　上证指数上升趋势中持续上涨阶段

　　图 2-5 为上证指数 2007 年 2 月 12 日至 2007 年 11 月 8 日期间走势，如图所示，股市在经历了 2007 年 7 月之前的大幅度累积上涨之后，又出现了一波快速上涨走势，但这一波涨势的成交量却明显小于之前上涨时的量能，

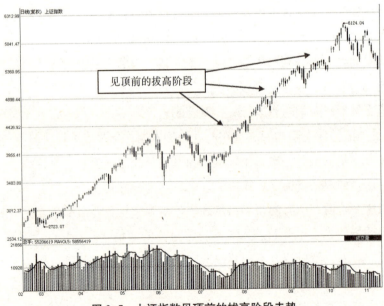

图 2-5　上证指数见顶前的拔高阶段走势

这种量价背离的形态说明市场买盘已经不足，当前的股市上涨源于投资者的狂热情绪，顶部区即将出现。

2. 基本下跌趋势

下跌趋势是价格运行大方向朝下的过程，在下跌趋势中，股民可以看到价格走势呈现出"一波低于一波、一浪低于一浪"的形态，如果以"波峰"和"波谷"这两个概念来描述下跌趋势的运行过程，那就是：下跌趋势是一个"一峰低于一峰、一谷低于一谷"的运动过程。对于整个下跌趋势来说，我们可以将其分为三个阶段：筑顶阶段、持续下跌阶段和探底阶段。

筑顶阶段是一个空方力量的积累阶段，这一阶段也称为出货阶段，它出现在上升趋势之后的高位区。此时，股市处于明显的高估状态，场外的买盘资金开始趋于枯竭。有远见的投资者意识到利润已达到了反常的高度，从而展开逢高出货的操作，一部分投资者也开始由坚定的多头转变为短期投机或空头，空方力量在不断加强，这为随之而来的持续下跌阶段打下了基础。

图 2-6 为上证指数 2007 年 6 月 15 日至 2008 年 1 月 21 日期间走势，如图所示，股市在持续上涨的高位区出现了较长时间的震荡滞涨走势，这期间的震荡滞涨走势使得此股的原有上升形态被彻底打破，这一阶段就是预示着熊市即将出现的筑顶阶段。

图 2-6　上证指数筑顶阶段

　　需要注意的是，很多投资者即使看到了这种高位区的滞涨走势，但在实盘中也仍然是以"持股待涨"的方式进行操作，这与前期牛市持续时间长、投资者普遍具有的"涨时看涨"的惯性思维方式密切相关。

　　筑顶阶段可长可短，这与当时的市场环境、交投情况、股市累计涨幅以及投资者预期等因素密切相关。图2-7为上证指数2009年4月至2010年7月期间走势，如图所示，股市在经历了2009年上半年的持续上涨之后，在累积涨幅达100%的情况下出现了高位区的长期滞涨走势。由于累计涨幅仅有100%，且股市整体估值状态不高，因而，其筑顶的持续时间相对较长。

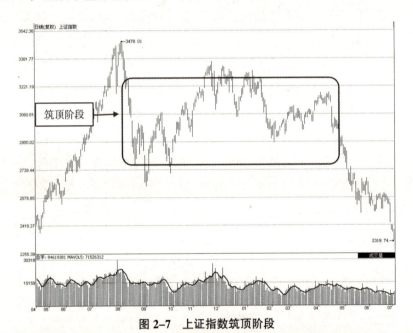

图2-7　上证指数筑顶阶段

　　持续下跌阶段是一个空方持续打压、多方无力承接的阶段，也是一个空方完全占据主导地位的阶段。在这一阶段，价格走势持续下跌且累计跌幅巨大，越来越多的投资者不再抱有幻想，每当股市出现一定的小幅反弹时，就会有大量的抛盘涌出，而买盘也希望在更低的价位入场，这就导致了价格走势不断下滑。

　　在这一阶段，伴随着价格走势持续下跌的外界利空因素也是多种多样的，如企业盈利能力持续下滑、宏观经济走向令人担忧、行业利空消息不断、投资者情绪低落等。在此期间，最好的策略就是持币观望以避免本金出现亏损，只有这样才能为将来的再度入场埋好伏笔。

图 2-8 为上证指数 2008 年 1 月 14 日至 8 月 21 日期间走势，如图所示，股市在此期间处于下跌趋势中的持续下跌阶段，可以看到，这一阶段走势呈现出短期下跌速度快、下跌幅度大的特点，如果投资者贸然抄底入场，则很容易出现短期严重套牢的情形。

图 2-8　上证指数下跌趋势中持续下跌阶段

探底阶段出现在下跌趋势末期，是股市见底前的最后一波或两波快速下跌走势。一般来说，这一两波的快速下跌多会引发量能的明显异动，这说明空方力量正在进行最后的汇聚，且买盘开始有加速入场的迹象，这种探底走势出现在股市明显低估的状态下，多源于利空消息再度引发了投资者的恐慌情绪，与其说是充足的空方力量导致了这一波下跌，还不如说是市场中少量的恐慌性抛盘促成了这一波下跌。

图 2-9 为上证指数 2008 年 6 月 12 日至 2009 年 1 月 19 日期间走势，如图所示，股市在经历了 2008 年的大幅度累积下跌之后，于 2008 年 9 月之后再度出现了两波快速的下跌，且引发了量能的放大，这是空方力量于低位区集中释放的信号，预示着底部区即将出现。

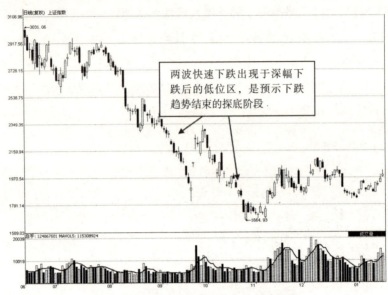

图 2-9　上证指数下跌趋势中的探底阶段

3. 横盘震荡趋势

横盘震荡趋势是价格横向波动的运动过程，它既可以出现在上升趋势或下跌趋势的行进途中，也可以出现在上升趋势的末期或下跌趋势的末期，多是一种趋势运行不明朗的体现。上面所讲的筑底阶段与筑顶阶段的走势，就多是以横盘震荡形式呈现出来的。

图 2-10 为新奥股份（600803）2012 年 11 月至 2015 年 2 月期间走势，如图所示，此股在这长达两年多的时间里始终处于横盘震荡的盘整走势中。对于盘整趋势来说，我们可以在其形成初期对其进行有效的辨认，若个股的一波上涨走势与随后的一波下跌走势，其幅度相差无几、持续时间相近，则说明多空双方并无哪一方占据了明显的优势，这样的个股后期出现长期盘整走势的可能性就更大一些。

4. 把握基本趋势的运行方向至关重要

把握基本趋势的运行方向是至关重要的。对于短线投资者来说，在上涨趋势中可以频繁地参与低吸高抛的短线操作，并且可以积极追涨强势股，此时，只要技术分析能力强、对市场热点较为敏锐，就可以获取不菲的短线利润；反之，在下跌趋势中，不得不在大部分时间内持币观望，只有等到绝好的短线超跌机会出现时，才宜入场参与获取反弹收益的短线操作。对于

图 2-10　新奥股份横盘震荡走势

中长线投资者来说，当上升趋势初步形成或正在持续时，最好的投资策略就是在牛市启动前或启动之初进行买入布局，并一直持股到牛市出现反转迹象时，如果股民所持个股是有主力资金控盘的个股，则所获取的利润将远远大于同期市场平均利润；反之，在下跌趋势初步形成或正展开时，最好的投资策略就是耐心持币观望直至熊市见底时为止。

第四节　价格运动的次级趋势

次级趋势也可以称为次级走势，为了使"趋势"这一用语不产生混淆，我们在随后的讨论中主要使用"次级走势"这种说法，次级走势是对基本趋势的修正，它与基本趋势的运行方向相反，对基本趋势起牵制作用，这里我们结合实例来掌握次级走势的运行特点。

1. 次级趋势之上升趋势中的回调走势

上升趋势中的回调走势既是释放空方获利抛压的过程，也是多方再度积累能量的过程。当价格持续上涨时，投资者在获利的状态下就有较强的卖出意愿，回调走势就是释放这种获利抛压的过程，当多空双方于回调走势中进行股票换手之后，股票筹码就会再度落入看多、做多的投资者手中，从而为随后的继续上涨奠定基础。

图2-11为上证指数2005年12月至2006年11月期间走势，如图所示，股市在上升趋势的运行过程中，出现了两波明显的次级回调走势，从图中可以看到，虽然次级回调走势短期内的下跌幅度较大，但它的持续时间却不长，且没有破坏上升趋势的运行形态。

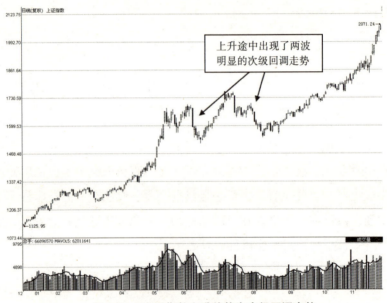

图2-11　上证指数上升趋势中次级回调走势

图2-12为东方园林（002310）2009年11月27日至2010年8月26日期间走势，此股在此期间处于上升趋势中，如图所示，上升途中出现了两波明显的次级回调走势，如果不了解基本趋势运行过程中所出现的这种次级走势，就很容易将这种高位区的阶段性下跌走势误认为是顶部出现的标志，从而错失此股的后期上涨行情。

注：虽然道氏理论是以股市的运行为论述对象的，但经实践检验，其理论内容同样适用于个股走势，为了使股民在实盘操作中更好地体会道氏理论，我们在讲解时也会选取相应的个股走势进行分析。

图 2-12　东方园林上升趋势中次级回调走势

图 2-13 为东方集团（600811）2014 年 7 月至 2015 年 1 月期间走势，此股在深幅下跌后的低值区出现反转上行的走势。如图所示，在反转上行的初期出现了一波幅度较大的阶段性下跌，这一波下跌走势出现在上升趋势形

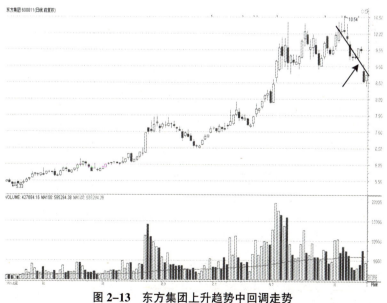

图 2-13　东方集团上升趋势中回调走势

成初期，属于上升趋势初期的次级回调走势，这一波次级回调走势也是消化底部区获利盘的一个过程。此时是短线或中长线逢低布局的绝佳时机。图 2-14 显示了此股随后的走势，如图所示，该股经过短暂的调整之后，再度步入原有的上升趋势中。

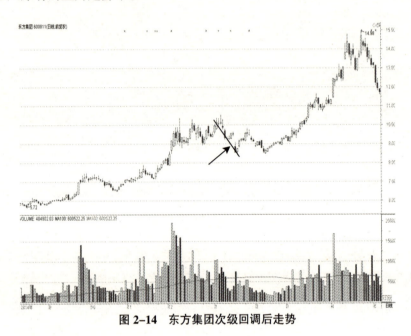

图 2-14 东方集团次级回调后走势

2. 次级趋势之下跌趋势中的反弹走势

下跌趋势中的反弹走势多出现在短期快速下跌之后，它是由市场短期内的超卖引发的。一般来说，随着一波明显反弹上涨的出现，持股者逢高减仓或逢高出局的愿望就会极为强烈，从而引发了更多的卖盘涌出，导致反弹走势结束。

下跌途中的反弹走势也是空方力量的再次汇聚阶段，在反弹走势中介入的投资者往往会成为随后继续做空的重要力量，这些投资者多是以短线的策略参与个股的，当其看到个股后期无力上涨甚至开始破位下跌时，多会产生卖股意愿远远强于持股意愿的心态，从而成为又一股重要的做空力量，推动下跌趋势继续行进。

图 2-15 为上证指数 2008 年 1 月 15 日至 7 月 24 日期间走势图，如图所示，股市在下跌趋势的运行过程中，出现了一波明显的次级反弹走势，虽然

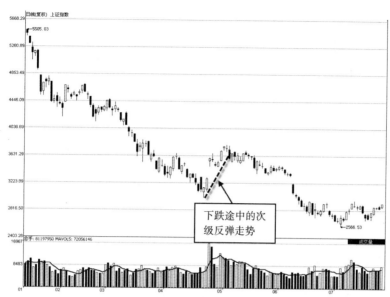

图 2-15 上证指数下跌趋势中次级反弹走势

次级反弹走势短期内的上涨幅度较大（达到了 20%），但它的持续时间却不长，且没有破坏下跌趋势的运行形态。

图 2-16 为人民同泰（600829）2010 年 5 月至 2014 年 8 月期间走势，这期间此股处于下跌趋势中。如图所示，下跌途中出现了两波明显的次级反

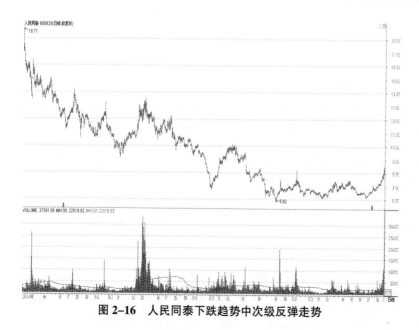

图 2-16 人民同泰下跌趋势中次级反弹走势

弹走势。如果不了解基本趋势运行过程中所出现的这种次级走势，就很容易将这种阶段性低位区出现的局部上涨走势误认为是底部出现的标志，从而出现过早抄底入场、后期被套的不利局面。

第五节　道氏理论的不足

学习一种理论、一种方法，我们应辩证地来看待它，既要看到它的优点所在，也要看到它的不足之处，只有这样，才能做到取长补短、为我所用。虽然道氏理论开创了技术分析的先河，并最先系统性地论述了股市中的趋势运行规律，但道氏理论所论述的内容过于笼统，对投资者的实盘操作指导性不强。

道氏理论阐述了股市运行中的三种基本趋势，但是没有指出如何识别这些基本趋势、如何判断当前的市场处于趋势运行中的哪个阶段。当投资者身处不断变化的股市中时，只有更好地了解当前市场的基本趋势及趋势的发展情况，才能更好地进行买卖操作、控制仓位。

道氏理论指出指数的走势会包容、消化一切影响股市的信息，但有的时候，消息要经过一段时间的传导后，其影响力才会在股市中逐步体现出来，这时，单纯地借助于道氏理论，就难以理解股市为何在看似风平浪静的情况下所出现的波澜。

道氏理论所缺少的内容或许正赋予了其他理论"破土而出"的机会，道氏理论指出了三种基本趋势，但没有阐述基本趋势的具体运行方式，而这正是随后的波浪理论的核心内容，接下来，我们借助于波浪理论来了解基本趋势的运行方式。

第三章 识形态，从波浪理论
"透视" 趋势

道氏理论告诉了我们何为"大海"，但却没有告诉我们"大海"的运动方式，在此基础之上，波浪理论论述了"大海"潮起潮落的运行方式，告诉人们如何在"大海"中冲浪，这使我们对"大海"的了解又近了一步。波浪理论认为：无论是股票市场还是商品期货市场，其价格走势都与大自然的潮汐一样，一浪跟着一浪，而且周而复始，具有相当程度的规律性。需要注意的是：群体心理是该理论的重要依据，清淡的交易市场难以发挥它的作用。

第一节 波浪理论主要内容概述

波浪理论是技术分析大师艾略特（Ralph Nelaon Elliot，1871~1948 年）所发明的一种价格趋势分析工具，可用于分析股市指数、价格走势，艾略特前后大约用了十年的时间潜心研究，才最终完善了这一具有"基石"意义的技术分析方法，它是一套完全依靠观察得来的规律。

艾略特曾经是专业的会计师，1927 年因染病退休，长期住在加州休养。在这段休养康复的时期，他通过研究道琼斯指数的历史走势，发展出了一套阐明股市运行方式的波浪理论。由于此时的道氏理论已经成形，而且艾略特研究的对象是道琼斯指数的走势，因而，波浪理论与道氏理论存在着共同点，道氏理论主要对股市的发展趋势给予了较完美的定性解释，而艾略特则在定量分析的基础之上提出了独到的见解。1946 年，艾略特写下了波浪理论

专著 "Nature's Law—the Secret of the Universe"，完整地论述了这一理论。

波浪理论之所以能够成为一种经典理论，不仅是因为它客观地解释了股市的运行方式，而且也因为它同样是一个系统性较为完善的理论。道氏理论建立在三个前提假设之上，同样，波浪理论也有它的前提假设，即人类社会永远进步向前、人类群体的行为是可以预测的以及股市反映的就是人类的群体行为。这三条假设显然为真，从而使得波浪理论更加令人信服。

波浪理论核心内容就是以客观的方式揭示出股市运行方式。波浪理论认为，价格走势是以波浪的方式呈现出来的，与自然中的潮汐现象极其相似，这种波浪形式的运动方式是一种客观规律，就如同众多的科学定理一样，波浪理论也是对客观规律的一种揭示，只不过，波浪理论所揭示的对象是金融市场中的价格走势规律。

以这一理念为核心，艾略特精炼出市场的 13 种形态或波（Pattern），在市场中这些形态重复出现，但是出现的时间间隔及幅度大小并不一定具有再现性。随后，他发现这些呈结构性形态的图形还可以连接起来形成同样形态的更大图形，这就是大浪套小浪、小浪套细浪。通过这些基本的浪形，再结合基本趋势的发展方向，这一理论用近乎演绎的方式阐明了趋势运行的过程，这就是久负盛名的艾略特波段理论，又称波浪理论。

艾略特波浪理论认为：投资者不必过于关心价格短期内的小波动或是细微的波动，而应把注意力集中于趋势的发展方向上。在此基础上，结合波浪理论即可以进行中线意义上的高抛低吸操作，从而获取高于市场平均水平的收益。

在升势中，价格走势以波浪的形态完成，前一波上涨时的高点会成为后一波上涨时的低点；在跌势中，价格走势同样以波浪的方式完成，前一波下跌时的低点会成为后一波下跌时的高点。通过不断研究，艾略特发现，一轮完整的牛熊交替走势可以通过八个大浪完美地呈现出来，而对于"八浪循环"的具体论述也正是波浪理论的核心内容。

波浪理论从以下四点论述了股市运行的特点，这四个特点也可以称为股市运行的四个基本特点：

（1）股市的上升趋势与下跌趋势会交替出现，即一个上升趋势之后，随之而来的将是下跌趋势。

（2）推动浪和调整浪是价格波动两个最基本形态，推动浪与基本趋势运行方向一致、对基本趋势的运行起到了推波助澜的作用，调整浪则与基本趋势相反。

（3）一个上升趋势与随之而来的下跌趋势可以用八个波浪完整地表现出来（上升趋势为五浪，下跌趋势为三浪），在上述八个波浪（五上三落）完毕之后，一个循环即告完成，走势将进入下一个八波浪循环。

（4）波浪可以拉长，也可以缩短，但其基本形态永恒不变，时间的长短不会改变波浪的形态，市场仍会依照其基本形态发展。

对于以上四点，我们可以用一句话来概括：即"八浪循环"，八浪循环是波浪理论的核心内容。

第二节　五升三降的八浪循环过程

八浪循环是波浪理论的核心内容，透过八浪循环，股民对基本上升趋势与基本下跌趋势的运行过程会有一个更为细致的了解。图 3-1 为八浪循环，其中 1 浪至 5 浪这个过程代表着上升趋势，a、b、c 这三浪则代表着下跌趋势，整个八浪运行完毕就代表着一轮牛熊交替走势的运行完毕，同时，也预示着下一个八浪走势的开始。

如图 3-1 所示，c 浪的最低点（熊市的终结点）要明显地高于 1 浪的最低点（牛市的起涨点），这与波浪理论的前提假设"人类社会永远进步向前"、"人类群体的行为是可以预测的"、"股市反映的就是人类的群体行为"恰好相对应。此外，透过这一图形可以看出，在上升趋势中，股市是以"上涨—回调—再上涨"的波浪式方式运行的，而在下跌趋势中，股市则是以"下跌—反弹—再下跌"的波浪式方式运行的。下面，我们就来逐一解读这八个浪。

第 1 浪：第 1 浪往往出现在深幅下跌后的低位区，它是原有下跌趋势结束的信号，也是买盘力量开始增强的信号。由于第 1 浪之前的股市多处于下跌走势之中，因而，其上涨往往被误认为是下跌途中的又一波反弹走势。很

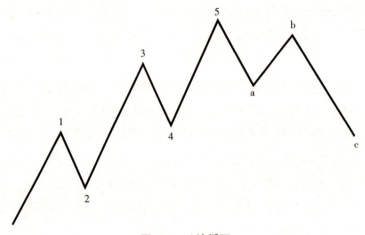

图 3-1　八浪循环

多投资者仍旧采取了逢高出货的操盘方式，且市场中仍旧有着较为浓重的空头氛围，这使得做多动能并不是很充足，这在一定程度上也限制了第 1 浪的上涨幅度。第 1 浪的典型特点是：持续时间明显长于下跌途中的反弹走势，且量能的放大效果可以得到很好的保持，呈现出放量上涨的形态，这说明买盘资金正加速入场。

　　第 2 浪：第 1 浪的出现使得阶段性的获利抛压增强，且引发了逢高减仓盘的涌出，由此形成了第 2 浪。在实际走势中，第 2 浪的调整幅度往往较大，有时第 2 浪的最低点甚至会接近第 1 浪的起涨点。这主要是因为很多市场人士常常误以为熊市尚未结束，从而采取了逢高出局的操作，此外，阶段性获利抛盘的打压及多方力量尚未有效聚集，才促成调整幅度较大的第 2 浪。第 2 浪的典型特点是：成交量快速萎缩，这说明此前第 1 浪中介入的买盘大都持仓稳定、不急于卖出，促成这一浪下跌的仅仅是少量的获利抛压。在 K 线形态上，将第 1 浪与第 2 浪结合起来看，往往会呈现出一些底部形态，如头肩底、双重底等腰三角形止跌企稳形态。

　　第 3 浪：第 3 浪是上升趋势的主升浪，通常第 3 浪属于最具有爆炸性的一浪，其持续的力度大、时间长，可以大幅度地推升股价上场。在第 3 浪中，随着指数的不断上涨、市场人气不断恢复，成交量也出现较为明显的放大，这是买盘加速涌入的表现。第 3 浪的典型特点是：伴随着股价的持续上涨，成交量也持续放大，从而呈现出量价齐升的形态，第 3 浪在大多数时候都会发展成为一涨再涨的延升浪。在图形上，常常会以势不可挡的跳空缺口向上突破，给人一种突破向上的强烈信号。

第4浪：第4浪是上升趋势中的一个回调整理过程，它既是释放获利抛压的过程，也是多方力量再度汇聚的一个过程。经过第4浪的调整之后，股市会再度步入升势。第4浪的典型特点是：在形态上，第4浪经常以三角形、旗形、楔形和矩形等整理形态出现，成交量也会出现明显的萎缩，第4浪的运行结束点，一般都较难预见。同时，第4浪的浪底不允许低于第1浪的浪顶。

第5浪：第5浪也是上升趋势的推动浪之一，它是多方的最后一波攻势，此时上升趋势属于强弩之末。一般来说，它的涨幅、涨势会弱于第3浪，但在实际的走势中，仍应结合市场的实际情况进行分析。在第5浪行进过程中，投资者会看到涨到更高的点位，经济数据、企业盈利预期也十分好，虽然指数仍创出新高，但很多前期大幅上涨的个股却开始呈现出滞涨走势，此时上涨的个股多为一些前期涨幅较小、业绩相对稳定的大盘股。第5浪的典型特点是：第5浪的上涨往往并非源于充足买盘资金的推动，而是源于市场过热的情绪。因而，如果股民保持冷静，是可以看到很多较为明确的见顶信号的，例如，量价背离、股市过高的估值状态、技术指标的见顶预示等。

第a浪：在上升循环中，a浪的调整是紧随着第5浪而产生的。所以，市场上大多数人士会认为趋势仍未逆转，毫无防备之心，只看做一个短暂的调整。第a浪的典型特点是：在实际走势中，调整幅度往往较大，且持续时间相对较长（相对于上升趋势中的两个调整浪而言），这彻底打破了股市原有的上升形态，如果联系到第5浪上涨时所出现的一些见顶信号，股民是可以提前预见出这种情况的。

第b浪：市场多空双方实力的转变有一个过程，虽然做多的买盘已近枯竭，但大量的持股者仍以牛市中的"持股待涨"策略进行操作，并没有及时卖出股票，一部分投资者认为牛市仍将持续下去，从而选择了逢低买入的操作，这就促成了b浪上涨走势的出现。因而，这一浪也是形成"多头陷阱"的一浪。第b浪的典型特点是：在实盘走势中，b浪的反弹上涨会引发量能的相对放大，但如果对比第3浪或第5浪的量能，b浪的量能就会显得较小，而这正是市场买盘资金趋于枯竭的表现形式，且b浪上涨时的持续力度较弱，没有主升浪阶段势如破竹的气势。种种的盘面迹象都表明：这只是下跌趋势初期的一波反弹上涨走势，而不是预示上升趋势再度展开的突破走势。

第 c 浪：上涨无力的 b 浪使得越来越多的投资者开始醒悟，意识到升势的结束以及一轮下跌行情即将展开，此时持股不再坚定看涨，场外投资者则不愿入场。由于 a 浪、b 浪的震荡已经使得空方的力量明显占据优势，因而，在空方的打压下，股市步入到快速的下跌通道之中。如果说上升趋势中的第 3 浪最具爆发力，那么，下跌趋势中的第 c 浪则最具杀伤力。c 浪持续时间较长且跌幅巨大，股市中几乎全线个股都会在 c 浪的带动下出现较深的跌幅，经过这一浪之后，个股在牛市中的上涨成果会损耗大半，一些没有业绩支撑的垃圾股则有可能跌回至牛市的起涨点附近。第 c 浪的典型特点是："涨时放量，跌时缩量"是股市中的常态，"上涨时需有量能支撑，这是买盘充足的表现；下跌时却并不需要量能支撑，这是买盘无意入场的表现"。因而，在整个 c 浪的运行过程中，股民会发现期间的量能要明显小于上升趋势中的量能，而这种"缩量形态持续下跌"的格局不被打破，就说明空方仍旧占据主导、买盘依然无意入场，这是下跌趋势仍然会延续下去的表现。

从以上的讲解可以看出，八浪循环走势并不难理解，可以说，多空双方力量的不断转变促成了股市中牛熊交替走势的出现。但在实际运用中，由于大循环中有小循环，小循环中有更小的循环，即"大浪中有小浪，小浪中有细浪"。因此，我们往往难以准确地把握住当前趋势运行到哪一浪，再加上其推动浪和调整浪经常出现延伸浪等变化形态和复杂形态，更难以准确划分八浪，这两点构成了波浪理论实际运用中的最大难点。

图 3-2 为上证指数 2005 年 6 月至 2008 年 9 月期间走势，股市在此期间出现了大规模的牛熊交替走势，如图所示，这种牛熊交替走势正是以五升三降的波浪式运动形态呈现出来的。如果我们可以很好地掌握波浪理论，对股市中牛熊交替的运动过程就会有一个更好的把握。

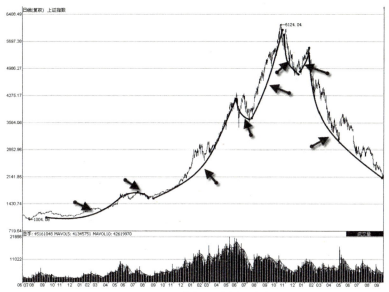

图 3-2 上证指数八浪循环走势

第三节 数浪的四条原则

虽然波浪理论很好地解释了股市的运行情况，但在实盘操作中，投资者往往还是难以运用波浪理论，主要原因就是：股市的运行波动较为频繁，从而造成了大浪套小浪、小浪套细浪的情况，因而投资者难以准确地区分出每一浪。为了帮助投资者准确地识别出每一浪，艾略特波浪理论还给出了数浪的四条原则，这对于投资者运用波浪理论是具有重要指导意义的。

1. 上升趋势中的主升浪——第 3 浪，不能是三个上升浪（第 1 浪、第 3 浪和第 5 浪）中最短的一个

在实际走势中，第 3 浪往往是最具爆炸力的一浪，其持续时间最长、累计涨幅也最大。透过这一原则，股民可以在上升趋势中了解当前市场所处的运行阶段，从而有效指导股民展开实盘买卖操作。如果第 3 浪尚未出现，则此时是中长线买股布局的最好时机；反之，如果第 3 浪已经行进完毕，则此时的操作就应注意控制仓位、规避风险。

图 3-3 为上证指数 2005 年 6 月至 2008 年 9 月期间走势，如图所示，第 3 浪的上涨时间最长，上涨幅度也是最大的，正是基于第 3 浪的爆发性上涨，才促成了一轮轰轰烈烈的牛市行情。

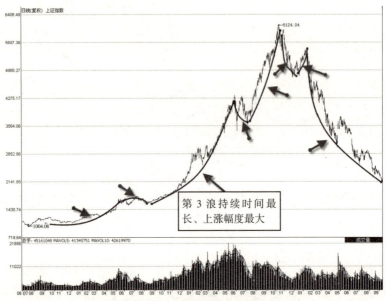

图 3-3　上证指数八浪循环走势

2. 第 4 浪的浪底应高于第一浪的浪顶

这一原则是建立在上一原则的基础之上的，它指出，第 4 浪的回调幅度应小于第 3 浪的上涨幅度。其市场含义是：在上升趋势中，推动价格出现一波上涨行情的多方力量应明显大于促使价格出现一波深幅调整走势的空方力量。

3. 简单形态的推动浪与复杂形态的推动浪会交替出现，简单形态的调整浪与复杂形态调整浪同样会交替出现

在一个完整的八浪循环过程中，上升浪的浪形往往是以简单与复杂交替的规律呈现出来的。例如，对于上升浪第 1 浪、第 3 浪和第 5 浪来说，如果第 1 浪的形态较为复杂，则第 3 浪的形态往往较为简单，第 5 浪的形态则较为复杂；反之，如果第 1 浪的形态较为简单，则第 3 浪的形态往往较为复杂，第 5 浪的形态则较为简单。同样，对于属于调整浪的第 2 浪与第 4 浪来说，如果第 2 浪的形态较为简单，则第 4 浪的形态往往相对较为复杂；反

之，如果第 2 浪的形态较为复杂，则第 4 浪的形态往往相对较为简单（这一判断原则为辅助原则，并不是必要条件）。

图 3-4 为上证指数 2006 年 8 月至 2007 年 10 月期间走势，股市在此期间正处于上升趋势的第 3 浪、第 4 浪、第 5 浪的运行过程中。如图所示，第 3 浪的运行形态相对复杂一些，期间出现了一段时间的盘整走势，而第 5 浪的运行形态则要简单得多。

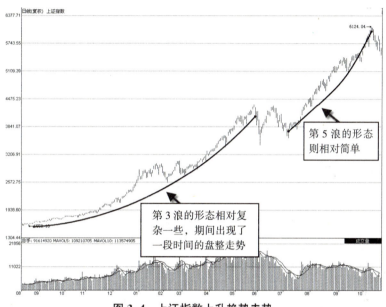

第 5 浪的形态则相对简单

第 3 浪的形态相对复杂一些，期间出现了一段时间的盘整走势

图 3-4　上证指数上升趋势走势

图 3-5 为上证指数 2007 年 7 月至 2008 年 9 月期间走势，股市在此期间正处于下跌趋势的第 a 浪、第 b 浪和第 c 浪的运行过程中，如图所示，第 a 浪的运行形态相对简单，而第 c 浪的运行形态则较为复杂。

4. 延长规则

第 1、第 3、第 5 浪中只有一浪延长，其他两浪长度和运行时间相似。

从图 3-3 上证指数八浪循环走势中，我们可以看出，第 1 浪与第 5 浪的长度与运行时间较为接近，而第 3 浪则演变成为可以延伸的延长浪。

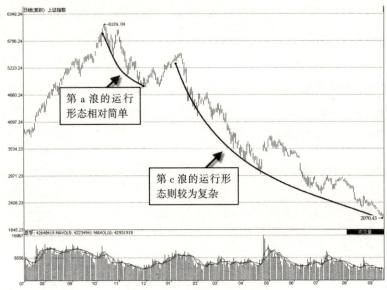

图 3-5　上证指数下跌趋势走势

第四节　波浪等级的划分

波浪理论认为，基本波形并不会因其持续时间长短的不同而发生变化，市场将按照基本的波浪形态持续发展下去。大波浪形态里可以嵌套小波浪，小波浪里则可以嵌套细浪，在艾略特的波浪理论中，他将股市运行中的波浪级数分为九级，一个超级循环的波浪可包含数年甚至数十年的走势。至于微波和最细波，则属于短期的波浪，需要利用每小时走势图方能加以分析。

在实盘操作中，我们可依据以下几个基本要点来把握波浪等级的划分：

（1）价格走势是以波浪起伏的形态呈现出来的，而不是以直线的方式呈现出来。

（2）与主要趋势行进方向一致的大浪（如推动浪）可以进一步细分为五个低等级波浪，与主要趋势行进方向相反的波浪（如调整浪），则可进一步细分为三个更低等级的波浪。

（3）当一个完整的股市八浪运动构成一个周期（五升三降）后，这个周期便又成为另一个更高等级的股市周期中的一部分。

（4）波浪的形态会以扩张的方式或是紧缩的方式呈现出来，并且其基本形态并不会因时间长短不同而发生改变。

第五节　波浪理论的不足

以股市的整体走向作为研究对象，波浪理论可以说是在道氏理论的基础之上更进了一步。但波浪理论是一套主观性很强的分析工具，波浪等级的划分也多会因投资者的视角不同而明显不同。在面对变化万千的股市时，若投资者对波浪理论没有足够的了解及实战经验，而是单纯地依据"五升三降"的八浪循环规律来套用波浪理论，就会十分危险。

在波浪理论中，其核心要素是如何准确地划分出每一浪。为此，艾略特给出了一些相关的数浪规则，但是这些规则并不能保证投资者可以客观准确地数出每一浪，包括艾略特本人，很多时候都会受一个问题的困扰，即一浪是否已经完成而开始了另外一浪呢？

可以说，"五升三降"的规律是波浪理论的核心内容，但是在很多时候，特别是牛市、熊市并不是十分明确的时候，股市的涨跌次数绝大多数不按"五升三降"这个机械模式出现。此时，如果不考虑市场的实际情况，而过分依赖于波浪理论，则很难预测股市的走向，也很难在实盘操作中运用波浪理论。

此外，波浪理论有所谓的"伸展浪"（Extension Waves），但在什么时候或者在什么准则之下波浪可以伸展呢？艾略特对此却没有明言，从而使数浪的随意性较大。有时五个浪可以伸展成九个浪，一个巨型的上升浪，持续多久都可以，只要升势未完就仍然是上升浪，下跌浪也可以跌到无影无踪，只要下跌走势未完成就仍然可以是下跌浪。这使数浪的随意性较大，难以在实盘操作中发挥功用，往往会给人一种"事后诸葛亮"的感觉。

虽然波浪理论有种种不足之处，但它的出现时间较早，且在道氏理论的基础之上更进了一步，为投资者理解股市的运行开辟了新的视角，也为其他的技术分析理论奠定了基础。在波浪理论出现之后，"价格是以波浪的形式运动"这一观点几乎成为投资者的共识。因而，了解波浪理论的内容、了解股市"五升三降"的波浪式运动规律对于广大投资者来说，还是大有益处的。

第四章　识相关因素，价格走势有迹可循

　　影响价格走势甚至是趋势运行的因素多种多样，全面、准确地掌握这些信息有助于股民更好地了解价格的运行情况。这里我们将从宏观经济、周边股市震荡、大股东增持以及区域政策出台等与股市或个股密切相关的要素着手，分析它们是如何影响股市及个股走势的。

第一节　大盘走势与个股走势的关系

　　当大盘指数持续上扬时，我们可以看到绝大多数个股都随之上扬，这是指数反映绝大多数个股走势的写照。但是，哪些个股与大盘走势更为相近，哪些个股的走势则较为独立呢？

　　一般来说，大盘权重股由于其股本巨大、对指数的影响力也最大，因而，其走势与大盘指数走势最为相近。可以说，大盘指数的走势能够较好地反映出大盘权重股的运行情况。而中小盘个股由于其股本较小，对大盘指数影响力较弱，且容易受到主力资金的炒作，因而，其走势往往较为独立。此时，仅仅通过大盘指数的运行，我们很难了解这些个股的实际运行情况。

　　图4-1为上证指数2008年10月至2010年7月期间走势，图4-2为浦发银行（600000）2008年12月至2010年7月期间走势，图4-3为民生银行（600016）2008年12月至2010年7月期间走势。对比这三张同时期的K线走势图，可以看出，作为大盘权重股的浦发银行与民生银行其走势与大盘指数走势如出一辙，可以说，大盘指数走势可以较好地反映出大盘权重股的

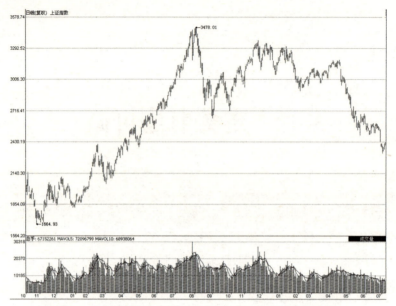

图 4-1　上证指数 2008 年 10 月至 2010 年 7 月期间走势

图 4-2　浦发银行 2008 年 12 月至 2010 年 7 月期间走势

图 4-3　民生银行 2008 年 12 月至 2010 年 7 月期间走势

运行情况。

　　图 4-4 为白云山 A（000552）2009 年 1 月至 2010 年 5 月期间走势，如图所示，此股在此期间的走势就要独立得多，从其价格运行轨迹来看，它的走势几乎是完全独立于同期大盘的。在实盘运行中，只要指数不出现暴涨暴

图 4-4　白云山 A 2009 年 1 月至 2010 年 5 月期间走势

跌的极端走势，则中小盘个股走势的独立性就会较强。这一点是股民在实盘操作中应加以注意的，它提示我们，在大盘较为稳健的运行阶段，我们可以将注意力重点放在那些有主力运作、有热点题材支撑的个股上。

很多投资者往往只是将大盘指数的走势看作股票市场冷暖的直观反映，而忽略了其对个股的影响力。事实上，大盘走势既是全体个股平均走势的反映，也深深地影响着个股的走势。这种影响力尤其体现在大盘单边上涨或单边下跌的极端走势中。

图 4-5 为江山股份（600389）2007 年 1 月 4 日至 2008 年 8 月 1 日期间走势，图 4-6 为新安股份（600596）2007 年 1 月 8 日至 2008 年 8 月 1 日期间走势，从走势图中可以看到，在 2008 年 8 月前，这两只个股均处于大涨后的高位震荡阶段，未出现大幅下跌走势。但是同期的大盘却不是这样运行的。

图 4-5　江山股份 2007 年 1 月 4 日至 2008 年 8 月 1 日期间走势

图 4-7 为 2007 年 1 月 23 日至 2008 年 8 月 1 日期间的上证指数走势，如图所示，在 2008 年 8 月前，股市出现了持续暴跌的走势，但股市的这种走势在 2008 年 8 月前却并没有促使江山股份及新安股份这两只个股进入到下跌通道中。那么，大盘这种持续暴跌的极端走势是否就根本无法影响到这

图 4-6　新安股份 2007 年 1 月 8 日至 2008 年 8 月 1 日期间走势

图 4-7　上证指数 2007 年 1 月 23 日至 2008 年 8 月 1 日期间走势

两只个股呢？或者说，由于这两只个股在 2008 年 8 月前的走势较为独立，我们是否可以认为它们随后仍能逆势运行呢？答案是否定的。大盘的极端走势必然会影响到所有的个股，虽然有时个股走势较为独立，使得这种影响力暂时没有体现出来，但随着大盘沿某一方向的持续发展，这种影响力势必会在随后的时间段内释放出来。

　　图4-8、图4-9显示了江山股份、新安股份这两只个股在2008年8月1日前后的走势情况，这两只个股随后的跌势、跌幅均远远超过同期的大盘，这正是大盘前期下跌对这两只个股影响力释放的结果。

图 4-8　江山股份 2008 年 8 月 1 日前后走势

图 4-9　新安股份 2008 年 8 月 1 日前后走势

第二节　宏观经济的冷暖是牛熊市的导火索

宏观经济的运行与股市走势存在着高度的正相关性，而宏观经济的运行是存在周期效应的，如果对照股市的运行规律就会发现，两者都存在周期循环的规律。事实上，这种相似的运行规律并不是偶然的。股市是实体经济变化的"晴雨表"，股市的总体上升走势或总体下降走势，所反映的往往就是宏观经济的总体走势。了解了这一点，股民就可以从宏观经济运行的角度来理解股市的走向了。

1. 透过宏观经济指标了解股市所处背景

所谓的"经济周期"（Business Cycle）就是指经济运行中周期性出现的经济扩张与经济紧缩交替更迭、循环往复的一种现象。我们可以把一个完整的经济运行周期笼统地分为上升与下跌两个阶段，也可以将其细分为复苏、繁荣、衰退和萧条四个阶段。

当宏观经济持续向好时，若股市并非处于明显的高估状态，则可以肯定地预计，其很难有较大的下跌空间；反之，当宏观经济走势并不理想、未来经济发展情况令人担忧时，股市一般也很难有好的表现。那么，对于普通的投资者来说，应如何从宏观经济的角度着手预测股市后期的总体走向呢？我们可以从两方面入手，一是关注具体的宏观经济指标，二是关注股市的当前估值状态、股市走向与宏观经济运行之间的逻辑关系。对于具体的宏观经济指标来说，我们可以重点关注 GDP、CPI 和利率这三个指标：

GDP（Gross Domestic Product），中文全称为"国内生产总值"，对于这一指标，相信广大的投资者并不陌生，因为从传媒、舆论和政府工作报告等处我们经常可以听到该词。可以说，它是衡量国内经济发展情况的核心指标之一。GDP 是指一定时期内（一般以年为时间单位），一个国家或地区的经济中所生产出的全部最终产品和所提供劳务的市场价值的总值。

我们常说的 GDP 增速就是指这种"总值"的增长速度，"总值"的增长也就是经济的增长。在分析 GDP 时，我们要以连续、动态的眼光来看待它，只有当一国的 GDP 可以连续数年保持较高、较稳的增长时，我们才能认为此国的经济发展速度较快、发展平稳，是宏观经济持续向好的预示。此时，绝大多数企业都会处于良好的发展空间内，企业盈利水平提升得也会较快，股市自然而然就应以上涨为主基调。

CPI（Consumer Price Index），中文全称为"消费者物价指数"，它是反映与居民生活有关的商品及劳务价格变动指标，通常作为观察通货膨胀水平的重要指标。

CPI 指标对于投资者来说，其最重要的意义就在于它直观、清晰地体现了当前宏观经济运行情况，CPI 增幅过大或过小都会对经济发展产生不利的影响。一般来说，适当的通货膨胀（1%~3%）有利于经济发展，也有利于股市走向。当 CPI 低于 1% 时，宏观经济处于通货紧缩状态，此时企业再融资就会遇到困难，不利于企业发展；反之，当 CPI 超过 5% 时，则表明宏观经济处于较为严重的通货膨胀状态，它同样会对实体经济产生明显的破坏作用。

利率又称利息率，利息率 = 利息量 ÷ 本金 ÷ 时间 × 100%，相对于 CPI 和 GDP 来说，利率对股市的影响往往较为直接。我们知道，股市是一个资金推动市，而投资者介入股市的主要目的之一就是看重了股市较高的利润回报率。当银行利率提高时，投资者将钱存入银行即可以获得较高的回报，而且是处于一种无风险状态，此时的股市对于投资者而言是缺少吸引力的，因而对股市来说属于利空；反之，当银行利率降低时，股市对投资者的吸引力就会有所提升。简而言之，利率升，对于股市属于利空消息，有促跌作用；利率降，对于股市则属于利好消息，有促涨作用。

图 4-10 为我国 2003~2007 年 GDP 增长速度示意图，如图所示，在这几年中，GDP 保持了稳步攀升的势头，这是宏观经济持续快速发展的直接体现，正是在这一良好的大背景下，才催生了 2007 年 A 股市场出现史无前例的大牛市行情。

2. 理解宏观经济发展趋向与股市走向之间的逻辑关系

虽然宏观经济走势对股市的总体走势起到了明显的制约作用，但是两者在运行步调上并不一致。众所周知，股市是宏观经济走势的"晴雨表"，因而，股市的走向往往先于宏观经济而动。当宏观经济持续下滑并未明显见底时，此时的股市很可能已经开始了止跌企稳的走势；反之，当宏观经济仍然

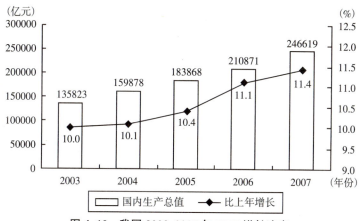

图 4-10 我国 2003~2007 年 GDP 增长速度

持续快速增长且并未有明显的见顶迹象时，此时的股市往往也是先于宏观经济而出现见顶回落的走势。

当然，对于普通投资者来说，要想较为精准地把握宏观经济的运行节奏是极为困难的。对此，我们不妨转换重点，"价格总是要围绕着价值波动的"。当股市整体处于明显高估状态时，此时的宏观经济发展速度无论如何也是难以支撑这种明显泡沫的，因此股民不能盲目乐观，而应时刻留意股市的见顶形态；反之，当股市整体处于明显的低估状态时，此时的宏观经济再差也不至于跌入低谷，因此股民没必要过于恐慌，而应密切关注股市的见底形态。

3. 实例解读：股市估值状态的变化与牛熊交替走势

如图 4-11 所示，在 2007 年的大牛市当中，基于快速发展的经济背景、企业的高速盈利状态、充沛的市场信心等多方面推动，上证指数一路涨至 6000 点左右，此时的股市平均市盈率超过了 50 倍，这属于典型的泡沫区间，这一区间也正是牛市的顶部区。随后，当股市在 2008 年一路跌至 1600 点上方时，此时的股市平均市盈率低于 20 倍，这属于典型的低估区间，这一区间也正是熊市的底部区。股市整体估值状态再结合宏观经济的发展趋向，股民是可以较好地把握股市的中长线运行规律的。

宏观经济的运行周期往往时间跨度较大，而股市的走势又往往在投资者的强烈预期效应下呈现出大起大落，因而，宏观经济的走势与股市的周期运行几乎是不可能同步的，这一点是需要投资者注意的。在实盘操作中，投资者更应关注股市的当前估值情况及宏观经济的趋向，只有两者完美配合，才

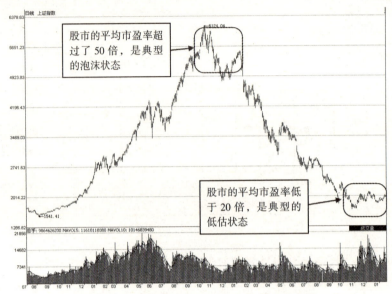

图4-11 上证指数 2007~2008 年牛熊交替走势

是入市的最佳时机。

第三节 周边市场的外部影响不可忽视

随着全球经济一体化进程的加速，各国的经贸往来极其密切，身处国际经济大舞台，各国经济都难以独善其身。股票市场是对实体经济发展趋向的最好写照，此外，股市走向还具有极强的心理预期性。因而，当周边股市出现大幅度的震荡时，就会对投资者的心理产生明显的影响，从而对国内股市的走向产生影响。在外围市场中，由于美国是目前世界上最大的经济运行体，因而其股市对全球其他各国股市的影响力也是最大的，在关注外围股市波动时，我们可以重点关注美股的走势。

1. 外围股市震荡的影响力

由于时间差的关系，美股的交易时间为：夏令晚上 9：30 至清晨 4：00，冬令晚上 10：30 至清晨 5：00。因而，国内股市在每个交易日的开盘前，美股市场已经结束这一日的交易。在 A 股收盘后至开盘前这一段时间内，若美股出现了暴涨或暴跌的走势，则这种巨幅震荡往往就会对国内股市新一个交易日产生明显的影响，特别是当国内股市处于人气高涨的牛市当中或是人气涣散的震荡市当中时，往往会明显放大这种外围股市的影响效应。

牛市对利好有放大效应，熊市则对利空有放大效应，当国内股市处于人气旺盛、涨力十足的牛市当中时，外围股市的小幅下跌会被忽略，而外围股市的上涨效应则会被放大；反之，当国内股市处于人气涣散、信心不足的熊市或震荡市当中时，外围股市的下跌会被放大，而外围股市的上涨特别是小幅上涨往往就会被忽略。因而，在每个交易日开盘前，股民有必要关注一下外围股市（可以重点关注美股）的运行情况，再结合当前的 A 股市场走势强弱，就可以提前预知 A 股市场当日的涨跌情况。下面我们结合实例来分析外围股市的震荡是如何波及 A 股市场的。

2. 实例解读：美股暴跌对国内股市的影响

图 4-12 显示了美股在 2009 年 5 月 6 日的大幅下跌走势，如图所示，美股当日盘中一度下跌幅度超过 9%，这创下了美股历史上第二大单日盘中跌幅，虽然收盘时的跌幅有所收窄，但是仍然超过了 3%。这种幅度的下跌对于像美股这种成熟的股票市场来说，是典型的暴跌，它对全球投资者的信心也是一种极大的摧毁，这种影响势必会波及国内股市。图 4-13 显示了 A 股

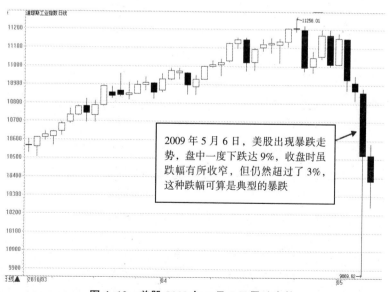

2009 年 5 月 6 日，美股出现暴跌走势，盘中一度下跌达 9%，收盘时虽跌幅有所收窄，但仍然超过了 3%，这种跌幅可算是典型的暴跌

图 4-12　美股 2009 年 5 月 6 日暴跌走势

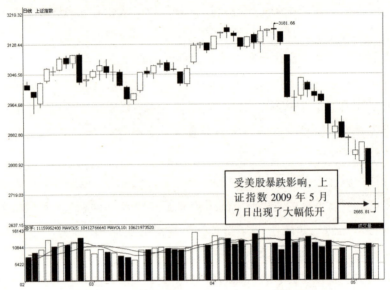

受美股暴跌影响，上证指数 2009 年 5 月 7 日出现了大幅低开

图 4-13　上证指数 2009 年 5 月 7 日大幅低开

市场 2009 年 5 月 7 日的走势，如图所示，正是受美股暴跌影响，A 股市场在本已出现大幅下跌的背景下仍然出现大幅低开的形态，而这一位置区域（大幅下跌后的相对低位区）本应是做空动能处于阶段性枯竭状态的区域，这也恰恰体现出了外围股市震荡对国内股市是可以产生直接影响的。

在关注外围股市的走向时，我们既要关注它短期内出现的宽幅震荡，也要关注它的中期走势，此时，结合国内股市所处的位置区间，就可以从另一个角度来分析国内股市的后期走向。例如，当外围股市持续下跌而国内股市依然坚挺于持续上涨后的高位区时，此时，外围股市的持续下跌往往就会成为国内股市步入跌势的导火索。

第四节　B 股、H 股对 A 股的带动

H 股，即注册地在中国内地、上市地在中国香港的外资股。B 股，即以人民币标明面值，以外币认购和买卖，在境内（上海、深圳）证券交易所上市交易的外资股，沪市挂牌 B 股以美元计价，而深市挂牌 B 股以港元计价。

由于一家上市公司既可以以 A 股上市募集资金，也可以以 H 股或 B 股上市募集资金，因而，虽然 H 股与 B 股的投资者主体不同于参与 A 股交易的国内投资者，但一个公司可以同时发行 A 股、B 股以及 H 股，所以当某家上市公司的 H 股或 B 股出现短期内的大幅上涨行情时，这种上涨势头也势必会影响到它在 A 股中的走势。如果投资者发现此股票仍没有启动，则可大胆介入，以分享 H 股、B 股与 A 股的联动效应所带来的上涨走势。

1. 明确 H 股与 B 股的概念

很多投资者对于 A 股十分了解，但对于 H 股与 B 股的概念却并不明确。其实，A 股、B 股以及 H 股分别面向不同的投资者群体。A 股是面向境内广大普通投资者的，平常所买卖的上证股票、深证股票都属于 A 股股票。

H 股指注册地在中国内地、上市地在中国香港的外资股，也称国企股。H 股实行"T+0"交割制度，无涨跌幅限制，因而 H 股的股价更容易在单日出现巨大的波动。H 股代表了在中国香港募集资金的内地企业，它指代的是内地企业。与 H 股相关的一个概念是红筹股，在中国香港股票市场中，香港与国际的投资者把在中国境外注册、在中国香港上市的、带有中国内地概念的股票称为红筹股。

B 股则为境外投资者买卖国内股票提供一个窗口，其投资人限于：外国的自然人、法人和其他组织，中国香港、中国澳门以及中国台湾地区的自然人、法人和其他组织，定居在国外的中国公民等。

很显然，国内投资者是不具备炒作 B 股、H 股的条件的，另外，需要注意的一点是，B 股有单日 10% 的涨跌幅限制，且实行"T+3"的交易制度，沪市挂牌的 B 股以美元计价，而深市挂牌的 B 股则以港元计价，故两市股价差异较大，投资者在查看 B 股的股价时最好将其换算成人民币单位，这样就可以了解 A 股与它们的差价情况。

2. 理解 H 股、B 股与 A 股的联动效应

H 股、B 股与 A 股所面向的投资者群体不同，相对更为成熟的 H 股其涨跌往往与美股等国际股市挂钩，而 A 股则是一个相对封闭的市场。当国际股市出现大幅上涨从而带动 H 股急升时，这种影响很可能并不会马上反映到 A 股身上，但这对于那些具有 H 股背景的 A 股上市公司，则无疑具有很好的补涨潜力，毕竟 H 股与 A 股所代表的是同一家上市公司，此时布局那些没

有启动的 A 股，则是一个很好的短线机会。

由于 A 股与 H 股、B 股是不同的证券市场，所面向的投资者也是完全不同的，因而它们各自的走势存在一定的差异是完全正常的，我们在展开短线操作时，不能因为 H 股或 B 股出现小幅的上涨（如 3% 或 5%）而 A 股并没有这种小幅上涨就着手布局 A 股，这时的布局是没有意义的。只有当 H 股或 B 股在短期内出现较大的涨幅（依笔者经验，至少在 10% 左右），而此股 A 股表现仍旧平平时，才可以快速介入相关的 A 股，以期在随后的联动效应的作用下出现补涨行情。

3. 实例解析：中集 B 与中集 A 之间的联动

图 4-14 为中集 B（200039）2008 年 12 月 3 日至 2009 年 6 月 2 日期间的走势，如图所示，中集 B 股在 2009 年 6 月 2 日前的一段时间内出现了短期大幅上涨的走势，那么中集 B 的这种短期大幅上涨的行情是否也同步反映到了其相应的 A 股——中集集团上呢？图 4-15 为中集集团（000039）2008 年 12 月 3 日至 2009 年 6 月 2 日的走势，如图所示，在 2009 年 6 月 2 日之前，中集集团的股价走势，仍旧在一个相对较低的平台区域持续震荡，丝毫看不到上涨的迹象。但由于中集 B 股此时已出现了短期大涨的走势，而 B 股与 A 股又具有联动效应，因而中集 B 股的上涨行情也必将影响到中集集团的

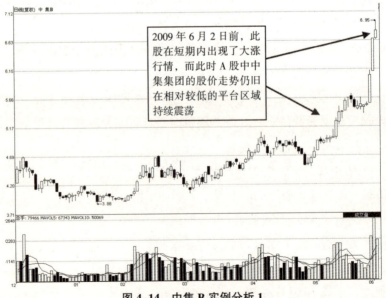

图 4-14　中集 B 实例分析 1

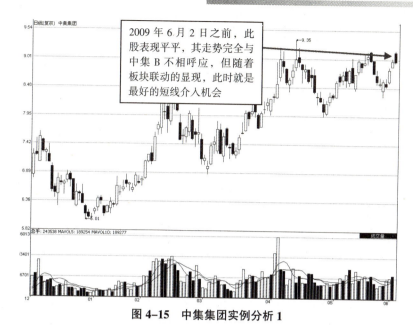

图 4-15　中集集团实例分析 1

走势。可以预计的是，中集集团在随后的一段时间内必然会出现极好的补涨行情，至于补涨的幅度如何，这取决于中集集团中主力资金的运作。

　　图 4-16 为中集 B 股随后的走势，如图所示，在经过 2009 年 6 月 2 日之前一段时间的急速上涨之后，此股在相对高位平台区略做整理就再次向上运行，在 2009 年 8 月 3 日前，此股又出现了一波明显的且幅度较大的短线上涨行情。基于中集 B 的良好走势，中集集团于 2009 年 6 月 3 日开始出现补涨行情。如图 4-17 所示，在 2009 年 6 月 3 日至 2009 年 8 月 3 日这段时间内，中集集团在短期内实现了大幅上涨，股价从 9 元/股区一路涨至 13 元/股区，上涨幅度达到了较为可观的 50%。如果股民可以很好地理解 B 股与 A 股的联动走势，就可以提前介入中集集团并开始布局这只短线股。

　　对于国内的广大普通投资者来说，由于参与的是 A 股市场，因而只有当某一只股票 B 股先于 A 股出现异动时，才能更好地利用它们之间的联动来操作相应的 A 股。如果个别投资者同时参与了 B 股市场，则完全可以反过来操作，当某一只股票 A 股先于 B 股出现异动时，同样可以利用它们之间的联动性来操作 B 股。

　　4. 实例解析：晨鸣 H 与晨鸣 A 之间的联动

　　图 4-18 为晨鸣纸业 H 股（1812）2009 年 3 月 11 日至 6 月 22 日期间走

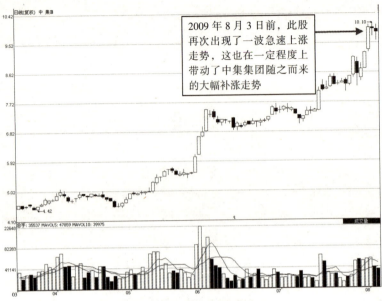

2009 年 8 月 3 日前，此股再次出现了一波急速上涨走势，这也在一定程度上带动了中集集团随之而来的大幅补涨走势

图 4-16 中集 B 实例分析 2

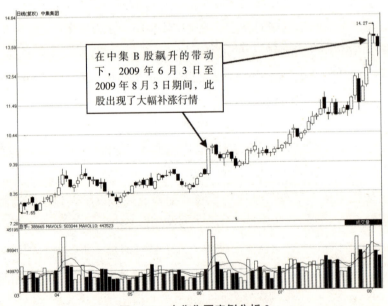

在中集 B 股飙升的带动下，2009 年 6 月 3 日至 2009 年 8 月 3 日期间，此股出现了大幅补涨行情

图 4-17 中集集团实例分析 2

势，此股在 2009 年 6 月 5 日突然出现大幅上涨的走势，由于 H 股的交易并无涨跌停板的限制，查看当天涨幅，就可以发现此股在 2009 年 6 月 5 日当日的涨幅达到了较为惊人的 26%，但是当日 H 股的这种大幅上涨及随后站稳

于高位的走势并没有影响到 A 股中晨鸣纸业的股价走势。图 4-19 为晨鸣纸业（000488）2009 年 3 月 6 日至 6 月 25 日期间走势，如图所示，在 2009 年 6 月 5 日至 25 日期间，晨鸣 A 股仍在相对低位区横盘震荡，H 股的大幅上涨与 A 股的走势出现脱节，这是由于 H 股与 A 股的联动效应有一个或长或

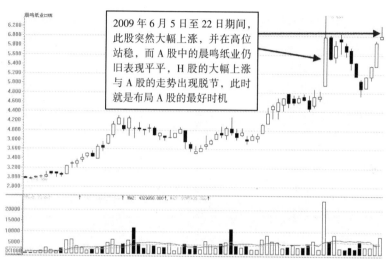

2009 年 6 月 5 日至 22 日期间，此股突然大幅上涨，并在高位站稳，而 A 股中的晨鸣纸业仍旧表现平平，H 股的大幅上涨与 A 股的走势出现脱节，此时就是布局 A 股的最好时机

图 4-18　晨鸣纸业 H 股实例分析

在 2009 年 6 月 5 日至 25 日期间，此股仍在相对低位区横盘震荡，这是由于 H 股与 A 股的联动效应有一个或长或短的时间差，但可以预计的是，此股随后定有不错的补涨行情出现

图 4-19　晨鸣纸业 A 股实例分析 1

短的时间差，但可以预计的是，此股随后定有不错的补涨行情出现，此时就是布局 A 股的最好时机。图 4-20 为晨鸣纸业 A 股 2009 年 6 月 1 日至 8 月 5 日期间走势，如图所示，随着 H 股走势于高位区站稳，A 股也在 H 股与 A 股的联动效应下出现明显的补涨走势，但这波补涨走势来得相对较晚，它出现在 2009 年 7 月末。

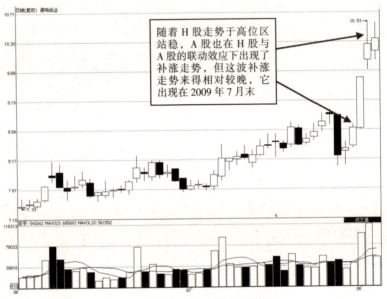

图 4-20　晨鸣纸业 A 股实例分析 2

　　港股市场是一个历史更久远、国际投资者更聚集的市场，它的个股估值方法与国内 A 股市场有所差别，一般认为，H 股所在的港股市场是一个更注重价值投资理念的市场。因而，我们可以通过 H 股与相应 A 股的溢价情况来评估 A 股的估值情况（H 股以港元计价，比较两者的溢价情况时应换算成人民币），如果某只股票的 A 股价格远远高于其相应的 H 股价格，那么这样的股票并不适于长线的价值投资。

第五节 大股东增持是如何影响个股走势的

个股二级市场中的股价是高还是低呢？对于普通投资者来说，我们除了从个股估值情况、公司发展潜力等方面着手分析外，还可以从上市公司大股东在二级市场中的买卖行为着手分析。上市公司的大股东往往是企业的控制者、管理者，他们直接参与到上市公司的营运中来，对企业的盈利能力、发展前景最为了解，如果大股东在二级市场中大量增持其股份，多说明此股的股价已处于明显的低估状态，此时，股民再结合个股前期的走势情况，就可以较为准确地分析预测出个股后期的中长线走势。

图 4-21 为深鸿基（000040）2008 年 1 月 16 日至 2009 年 1 月 5 日期间走势，如图所示，此股在 2008 年出现了深幅下跌走势，在 2008 年 12 月 16 日，上市公司公布了一个大股东增持股票的消息："深鸿基：宝安控股及恒隆国际于 2008 年 11 月 21 日至 12 月 15 日买入 2348 万公司股份，占总股本的 5%。增持方式：通过深圳证券交易所证券交易系统在二级市场购入。具

图 4-21 深鸿基大股东增持前走势

体交易价格区间为：2008 年 11 月买入 14908372 股，买入价格为 3.20~3.758 元/股；2008 年 12 月买入 8571337 股，买入价格为 3.55~3.95 元/股。持股目的及计划：宝安控股持有深鸿基股份是为了调整其存量证券资产结构，满足其战略发展要求。"

在不到一个月的时间里，上市公司的大股东增持了总股本的 5%，可以说，这是一种大规模的增持行为，而且，此股前期已经历了深幅下跌，且在大幅下跌后出现了长期的止跌企稳回升走势。综合分析以上几方面因素，可以认为：大股东的这种行为说明此股的股价处于相对低估状态，这是此股进入到有投资价值区间的重要标志，也是此股后期极有可能实现中长期上涨走势的显著信号。

图 4-22 为深鸿基大股东增持后的走势，如图所示，大股东大量增持此股的期间（即 11 月 21 日至 12 月 15 日）其实也就是此股深幅下跌后的底部区间，而底部区出现的显著信号就是个股处于明显的低估状态。从对于二级市场股票估值状态的把握程度来看，上市公司的大股东是远强于普通投资者的。

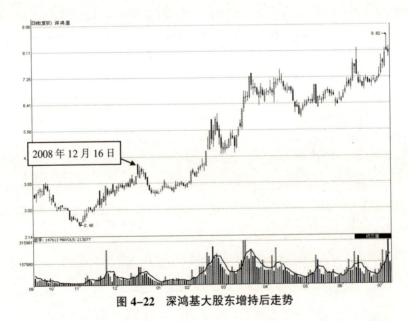

图 4-22　深鸿基大股东增持后走势

图 4-23 为商业城（600306）2008 年 3 月 27 日至 10 月 31 日期间走势，如图所示，此股在 2008 年出现了深幅下跌走势，在 2008 年 10 月 17 日，上

市公司公布了一个大股东增持股票的消息："商业城：中兆投资增持公司1537 万股。商业城（600306）公司接到股东中兆投资管理有限公司通知，截至 2008 年 10 月 16 日收盘，中兆投资管理有限公司通过上海证券交易所共买入商业城股票 15377498 股，全部为无限售条件流通股，占商业城总股本的 8.63%，交易价格区为 4.35~5.79 元/股。"

图 4-23　商业城大股东增持前走势

上市公司的大股东增持总股本的 8.63%，可以说，这是一种大规模的增持行为，而且，此股前期已经历了深幅下跌，且在大幅下跌后出现了长期的止跌企稳回升走势。综合分析以上几方面因素，可以认为：大股东的这种行为说明此股的股价处于相对低估状态，这是此股进入到有投资价值区间的重要标志，也是此股后期极有可能实现中长期上涨走势的显著信号。

图 4-24 为商业城大股东增持后的走势，如图所示，此股随后步入到了长期的上升通道之中，这种走势既是对此股低估状态的修正，也是一种价格向价值回归的反映，而上市公司大股东的大额增持操作早已向我们提示了价格低点。可以说，关注上市公司大股东的增值操作是有助于股民更好地判断股价未来走势的。

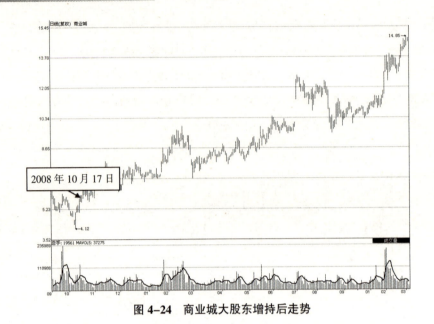

图 4-24　商业城大股东增持后走势

第六节　大小非减持是如何影响个股走势的

要想更好地了解"大小非"，股民应首先了解一下股权分置改革。股权分置改革是当前我国资本市场一项重要的制度改革，它是指上市公司的一部分股份上市流通，这一部分称为流通股，主要是面向社会公众发行的股票；另一部分股份暂时不上市流通，这一部分称为非流通股，主要为国有股和法人股。股权分置问题是国内股票市场因特殊历史原因和特殊发展情况而产生的。

1. 了解股权分置改革

据统计，在 2004 年的时候，我国上市公司总股本为 7149 亿股，其中非流通股份为 4543 亿股，占上市公司总股本的 63.55%；国有股份占非流通股份的 74%，占总股本的 47%。专家认为，这种制度不仅使上市公司或大股东不关心股价的涨跌，不利于维护中小投资者的利益，而且，相比国际上成熟的股票市场制度，这种股权分置制度也不利于股市发挥其应有各种金融职能。此外，这两类股票形成了"不同股不同价不同权"，从而造成恶性圈钱、股票市场定位模糊、不能有效与国际接轨等问题。从长远角度来看，它妨碍了中国经济改革的深化，而"全流通"不仅可以解决以上问题，还可以进一步推动资本市场积极发展。因此，对股权分置这种制度进行改革就势在必行。

2004 年 1 月 31 日，国务院发布《国务院关于推进资本市场改革开放和稳定发展的若干意见》，明确提出"积极稳妥解决股权分置问题"。随后，中国证监会发布了《关于上市公司股权分置改革试点有关问题的通知》，这标志着股权分置改革试点工作正式启动。依据《通知》，全体上市公司将依次展开股改操作，而股改的结果就是这些非流通股份可以在几年之后正式转变为流通股，在股票市场中卖出。

"大小非"是指在股改前持有较高比例非流通股的大股东，一般来说，我们把持有非流通股数量超过 5% 的称为"大非"，把持有非流通股数量小于5% 的称为"小非"。随着股改的完成，大小非所持有的这些非流通股将可以在二级市场中卖出，这即是大小非解禁。大小非既不是潜伏在个股中的控盘主力，也不是买入此股的私募基金，它们是企业的控股股东，而且是以极低的成本获得非流通股的大小股东，大小非直接参与企业的经营、管理和运作，因而，它们对企业的运行状况最了解。

截至 2009 年末，国内股市中的全流通股比例已经达到了 74%，流通盘比例大规模增加，有利于大股东和中小投资者的利益趋于一致。但大量的解禁股具备了上市流通资格，这也势必会对相应的个股甚至股市整体造成明显的影响，若投资者恰好"潜伏"于大小非已经解禁的个股之中，则应务必留意大小非是否有减持倾向或减持行为。

一般来说，当大小非手中的非流通股上市后，若大小非开始大量减持，这对于个股的二级市场走势自然是利空。首先，它或是说明了大小非对于企业的未来并没有多大信心，或是说明了个股的价格明显高于企业的实际价值。其次，由于大小非往往是企业的实际经营人，当大小非把注意力集中于二级市场中的股价走势后，他们是不会有更多的精力去经营企业的，毕竟从长远的角度来看，股价是以上市公司的实际价值为基础的。

2. "解禁"与"减持"的区别

投资者在理解大小非减持这一行为时，不要把减持行为与"解禁"等同起来。"解禁"只是说明大小非具有在二级市场中卖出手中个股的权利，而大小非具有这种权利并不一定就会卖出股票。减持则是实实在在地抛售股票行为，大小非可以在解禁后的任何时间进行减持，投资者在关注大小非减持行为时，一是要关注减持力度，二是要关注减持时机。

减持力度体现了大小非对二级市场的压力大小，减持时机则体现了大小非对个股走势的理解。大小非不是股神，在股市中也常常看到很多大小非竟然选择在个股明显的低位区卖出股票，其原因就是他们的持股成本太低、落袋为安的心理太强，但这种减持行为无疑是错误的。因而，在实盘操作中，股民一定要辩证地看待大小非的减持行为。下面，就结合实例来分析大小非的减持是如何影响个股走势的。

3. 紫金矿业：大小非持续减持对股价走势的影响

图 4-25 为紫金矿业（601899）2008 年 11 月 18 日至 2009 年 8 月 25 日期间走势，图中标注出了两个较为重要的时间点，如图所示，作为一只黄金类个股，此股在 2009 年 3 月 26 日前受到国际金价步步攀升的带动而出现了快速上涨。

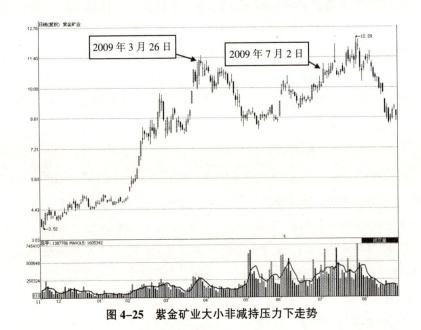

图 4-25　紫金矿业大小非减持压力下走势

与此同时，其他的黄金类个股，如中金黄金（600489）、山东黄金

（600547）、恒邦股份（002237），在此期间均出现了快速上涨，就 2009 年 3 月 26 日前这段时间而言，它们由于受同一题材的驱动（国际金价持续上涨），其走势也呈现出同步性。图 4-26 至图 4-28 分别为中金黄金、山东黄金、恒邦股份在此期间的走势。为了与紫金矿业进行对比分析，图中同样标注了相同的时间点。然而，随后由于紫金矿业的大小非开始解禁上市，且进行了大量的抛售操作，这使得紫金矿业在 2009 年 3 月 26 日至 7 月 2 日期间的走势表现为横盘震荡滞涨，这对此股的上涨形成了巨大的压力。

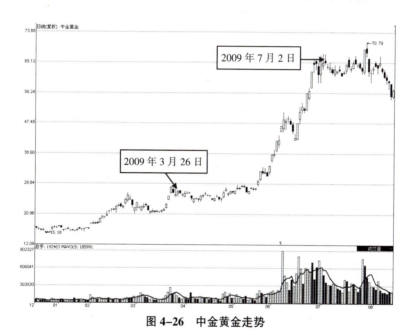

图 4-26　中金黄金走势

　　然而在 2009 年 3 月 26 日至 2009 年 7 月 2 日这段时间内，其他三只黄金类个股却仍然出现了"疯狂"的上涨。在"金价持续上涨"这一相同题材下，紫金矿业起初可以与其他三只黄金股"共舞"，然而，随后由于大小非的疯狂减持，使得它开始脱离了与其他黄金个股齐涨的状态，成为一只独步难行的黄金类个股。这正是大小非减持对二级市场所造成的沉重抛压的一个典型案例。查看此股在 2009 年 4 月至 8 月间的公告信息，可以发现，大小非进行了多次规模较大的减持行为，据上市公司发布的公告，这段时间内大小非共减持近 4 亿股。

图 4-27　山东黄金走势

图 4-28　恒邦股份走势

图 4-29 为国恒铁路（000594）2008 年 3 月至 2010 年 2 月期间走势，如图所示，此股作为一只业绩较好的小盘铁路股，在 2009 年绝大多数中小盘个股纷纷出现 3~5 倍涨幅的背景下，它却没有明显的涨幅，这与期间大股东

不断减持是有密切关联的。在此期间，大股东多次发布减持公告，累计减持幅度约占全体股本的 20%，对于这类个股而言，一般是不会吸引主力介入炒作的，因而，这一类的个股其未来走势往往并不值得期待。

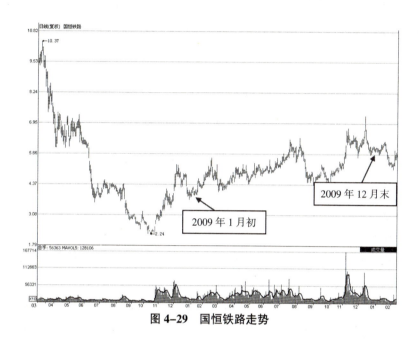

图 4-29　国恒铁路走势

其实，作为一只典型的小盘股来说，此股在 2009 年的全年弱势表现是有根据的，我们在上市公司年初的一则公告信息中即可以发现，2009 年 1 月 8 日上市公司发布公告："国恒铁路：赤峰鑫投已累计出售公司股份 5608 万股，并计划继续减持。"大股东已经明显发出了"计划继续减持"的信息，因而，对于普通的散户投资者来说，一定要密切关注上市公司的公告信息，因为这其中往往隐含了重要的信息。

但是，一般来说，大股东往往并不会明确地声明其继续减持的意图，但股民却可以对此进行分析，只要上市公司有人股东开始大笔减持，则这种减持行为就往往会延续很长一段时间。如果同期的股市偏弱，则大股东很有可能加快减持步伐，这对个股的走势是极为不利的。据笔者经验，虽然也有一些上市公司在大股东大幅减持后，仍然出现了不错的上涨走势，但这种个股毕竟只是少数，而股民不能期望自己手中的个股正是这少数中的幸运儿。可以说，在实盘操作中，如果发现某只个股出现大股东大量减持的行为，且此股相对于其他个股来说并不具备明显的投资价值，则股民应尽量规避它。对于那些已持有此股的投资者来说，则可以逢高减仓。

第七节　机构限售股上市是如何影响个股走势的

与广大的散户投资者不同，机构投资者往往可以通过两种途径买入股票，一种方式为定向增发，另一种方式为网下配售。但通过这两种途径所买入的股票有一个或长或短的锁定期限，当锁定期限已满时，这些机构投资者就可以在二级市场中卖出股票，这就是所谓的"机构限售股上市"。机构限售股上市无疑会对个股产生明显的抛压，特别是当机构的买入价格明显低于当前的市场价格时。

1. 定向增发与网下配售的区别

首先，我们来明确一下"定向增发"与"网下配售"这两个概念。所谓的"定向增发"，它是指上市公司向特定的机构投资者或上市公司原有的大股东发行股票、募集资金的一种行为。由于定向增发的价格一般为定向增发预案公布前 20 个交易日平均价格的 90%，即低于当前的市场交易价格，因而，会有一个锁定期限。对于机构投资者来说，其锁定期限为 12 个月；对于上市公司大股东来说，其锁定期限为 36 个月。

网下配售又称为"网下申购"，它是指机构投资者不通过证券交易所的网上交易系统进行股票申购，而是在网下以直接配售的方式申购股票，多出现在新股上市前的一级市场发行之中。此时，广大散户投资者通过网上交易系统可以申购新股，但这种申购的成功率（即中签率）是相当低的，而对于机构投资者则可以通过网下配售的方式获得新股，其申购成功率远远高于散户投资者的网上申购。机构投资者所获得的这部分配售股票并不能在新股上市后马上卖出，其上市日期有一个锁定期限，目前规定的是 3 个月。

2. 中国太保：机构限售股上市对股价走势的影响

图 4-30 为中国太保（601601）2007 年 12 月 15 日至 2008 年 7 月 3 日期间走势，如图所示，此股作为新股在 2007 年 12 月 15 日正式登陆上交所，

此股的发行价为 30 元/股，当日开盘价为 50 元/股，涨幅较大。随后，在同期大盘的持续下跌带动下，此股也是一路下跌。2008 年 3 月 26 日（见图中标注），在此股上市时参与网下配售的 3 亿股机构限售股开始上市流通，此时的股票市价在 30 元/股附近。可以说，这些参与网下配售的机构并没有获利，但是由于同期大盘持续下跌，下跌趋势已然明朗，市场做空动力充足，"不亏本卖出也不失为一种上策"。

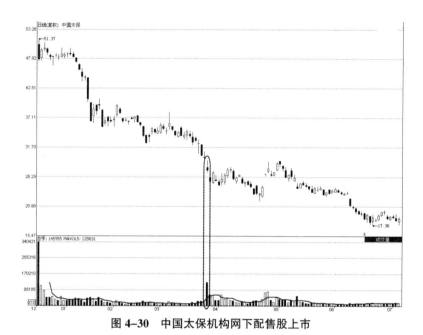

图 4-30 中国太保机构网下配售股上市

在机构限售股上市的当日，此股出现了大幅度的低开，市场抛压极其沉重，当日的走势最终以放量大阴线收场。这说明机构限售股在弱市当中上市时对个股的走势会形成极大的做空动力。这一点也是投资者在参与新股买卖时应重点关注的，我们应尽量避免参与那些当前处于弱势且又即将上市的机构限售股，这种个股下跌的潜力远远大于上涨的潜力。

图 4-31 为中国中冶（601618）2009 年 9 月 21 日至 2010 年 1 月 26 日期间走势，此股作为新股在 2009 年 9 月 21 日正式登陆上交所，其发行价为 5.42 元/股，首日开盘价为 7.33 元/股，随后便是一路下跌。如图所示，在 2009 年 12 月 23 日，网下配售的 123365.3 万股机构限售股开始上市流通，当日此股大幅低开，虽然股价与发行价较为接近，但是此股由于前期走势极

图 4-31　中国中冶机构网下配售股上市

弱，从而引发了众多机构投资者纷纷出逃，这对此股产生了极大的抛压。

通过以上两个实例可以看出，在限售股上市前，若个股持续走低、市场人气较为低迷，则很有可能在限售股上市当日引发机构投资者的纷纷出逃，从而造成此股大幅低开的形态。因而，在参与新股买卖时，我们应尽量避免这种类型的新股。但是机构限售股上市也并不一定会对个股产生明显的抛压，股民可以结合此股前期的走势、限售股上市当日的量能放大情况进行综合判断。

图 4-32 为禾盛新材（002290）2009 年 9 月 3 日至 2010 年 1 月 22 日期间走势，如图所示，在 2009 年 12 月 3 日，网下配售的 420 万股股票开始上市流通，但是从此股当日的走势图中，我们丝毫看不到限售股抛压的影响，此股当日上涨 3.66%。它并没有出现明显低开，也没有出现明显放量，这说明限售股锁定情况良好，并不会对个股的走势造成明显影响。那么，为什么此股的限售股在本已大幅获利的情况下仍然锁定程度如此之好呢？

其实，根本原因就体现在此股限售股上市前的走势中，由于此股的前期走势十分稳健，股价节节攀升，这就使得绝大多数的限售股并不急于抛售此股（"涨时追涨，跌时杀跌"的行为不仅体现在散户投资者身上，它同样也是机构投资者的一种常见操盘方式），从而使得限售股上市对个股走势并未

图4-32 禾盛新材机构网下配售股上市

造成明显影响。在这种情况下，股民可以重点关注此股的走势情况，而不必刻意回避限售股是否上市流通。

第八节 区域政策是如何影响个股走势的

所谓的"区域政策"就是国家依据地区发展规划、针对某一个特定的区域（即地域）所实施的政策。与行业政策的性质不同，行业政策有扶持性的利好政策，也有抑制性的利空政策，但是区域政策却基本上都是扶持性的利好政策。当国家发布相关的区域政策时，那些身处这一区域的上市公司往往就会迎来较好的发展机遇。因而，其二级市场的股价也多会有良好的表现。下面结合实例来了解一下区域政策出台后的相关个股是如何表现的。

1. 区域政策之海南国际旅游岛获批

2010年1月4日，国务院发布了《关于推进海南国际旅游岛建设发展的若干意见》（以下简称《意见》），计划在未来10年中，将海南打造成我国旅游业改革创新的试验区、世界一流的海岛休闲度假旅游目的地。建设海南国际旅游岛，是国家引导区域层面转变经济发展方式的重大战略部署，《意见》表示，未来国家将在政策、资金和项目安排等方面给予特殊扶持。要在基础设施、生态建设、环境保护、扶贫开发和社会事业等方面安排中央预算内投资和其他有关中央专项投资时，赋予海南省西部大开发政策。

可以说，这是海南的历史性发展机遇，而身处海南的上市公司自然也有了更好的发展环境，是实质性的利好消息。在这一利好消息的刺激下，2010年1月5日，海南板块整体出现了大幅度上涨。图4-33为罗顿发展（600209）（*ST罗顿）2010年1月5日前后走势，左侧为此股2010年1月5日的分时图。查看此股的资料可以看出，此股地处海南，主营酒店业务。如图所示，当日此股高开高走并且快速上封涨停板，在随后短短的一个月中，此股经常出现连续涨停板走势，成为"海南国际旅游岛获批"这一政策刺激下的龙头股。

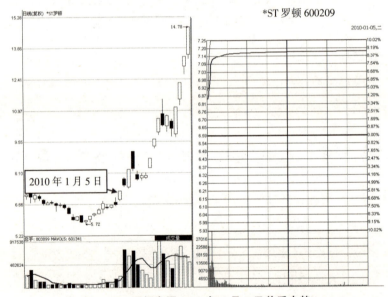

图4-33 罗顿发展2010年1月5日前后走势

重要的区域政策可以成为市场炒作的热点，那些具有隐藏题材、盘子相对较小、价位相对合理的个股则很有可能受到市场中主力资金的追捧，从而出现短期的翻倍走势，成为同类股票中的龙头股。对于"海南国际旅游岛获批"这一区域政策来说，罗顿发展就是一只这类个股，此股因为在2002年买下了位于海南省琼海市博鳌水城大灵湖规划区万泉河侧1800亩土地使用权，从而激发了市场想象的空间，成为此番政策刺激下的龙头股。

　　图 4-34 为海南高速（000886）2010 年 1 月 5 日前后走势，图 4-35 为海德股份（000567）2010 年 1 月 5 日前后走势，这两只个股也是正宗海南股票，如图所示，在 2010 年 1 月 5 日当日，它们均出现了强势上涨，随后与罗顿发展相似，短期内都有着不俗的表现，而推动它们短期走强的关键原因

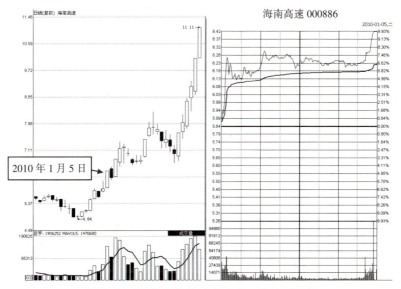

图 4-34　海南高速 2010 年 1 月 5 日前后走势

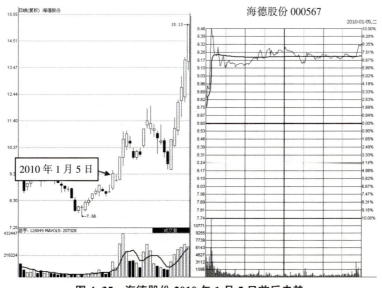

图 4-35　海德股份 2010 年 1 月 5 日前后走势

正是 2010 年 1 月 4 日国务院发布的《意见》这一区域利好政策。

2. 区域政策之推动新疆加快发展

2010 年 5 月 20 日，中共中央、国务院召开新疆工作座谈会，会议落实并部署了强力推动新疆加快发展的"一揽子"政策：①资源税费改革先行，原油、天然气资源税改为从价计征。②对困难地区企业所得税"两免三减半"。③"十二五"期间固定资产投资规模将比"十一五"期间翻一番多。④适当增加建设用地规模和新增建设用地占用未利用地指标。⑤逐步放宽天然气利用政策，扩大当地利用天然气规模。可以说，这些政策对新疆来说，是重要的区域扶持政策。

随后的 2010 年 5 月 21 日，新疆板块强势上涨，新疆天业、新疆城建、北新路桥等一批新疆类个股均出现了涨停走势，并且在随后的两三个交易日内也延续了强势上涨的趋势，如果股民可以在第一时间（即 2010 年 5 月 21 日开盘后）买入此类股票，则将收获不错的短期收益。图 4-36、图 4-37 以及图 4-38 分别显示了新疆天业（600075）、新疆城建（600545）以及北新路桥（002307）这三只股票在 2010 年 5 月 21 日的盘中分时图及随后几日的走势情况。

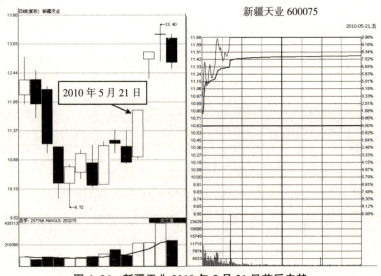

图 4-36　新疆天业 2010 年 5 月 21 日前后走势

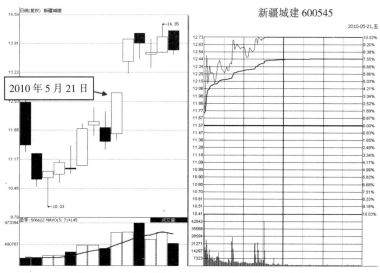

图 4-37 新疆城建 2010 年 5 月 21 日前后走势

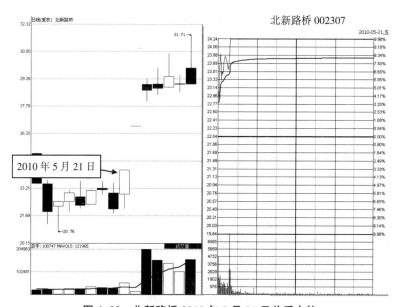

图 4-38 北新路桥 2010 年 5 月 21 日前后走势

第五章　透过量能变化看牛市、熊市的交替

　　美国著名的投资专家格兰维尔曾经说过，"成交量是股票的元气，而股价是成交量的反映罢了，成交量的变化，是股价变化的前兆"。成交量在股市中的作用是毋庸置疑的，对于一轮完整的牛熊交替趋势来说，透过成交量的变化形态，我们可以更为及时地把握当前的趋势运行情况，从而在实盘操作中处于主动地位。本章中所讲的牛熊市走势，既包括股市的牛市、熊市走势，也包括个股的牛熊交替走势，两者并无实质性的区别，因为股市的走势（即指数的走势）就代表着绝大多数个股的走势，而指数运行过程中的盘面特点（如成交量、K线组合形态等）与个股运行过程中的盘面特点也是相似的，因为它们都蕴含相同的市场含义。

第一节　底部区量能特征

　　假设市场经过了轰轰烈烈的下跌后而正处于低位区，此时的股市平均估值状态即使不是历史最低，也是一种明显偏低的状态。造成股市前期大幅下跌的原因有很多，如经济数据的不理想、企业盈利能力的下滑、周边股市的暴跌、市场恐慌情绪的蔓延等。无论如何，下跌走势不可能一直持续下去，随着股价的持续下跌，个股的低估状态会对投资者越来越具有吸引力，当空方抛压开始减弱而多方承接力量逐步转强时，就是股市或个股股价的见底之时。

在底部区，由于空方不再占据明显的优势，而多方力量又没有快速汇聚起来，因而，其走势往往是以横盘震荡的方式呈现出来的。这种横盘震荡走势与下跌途中的盘整走势完全不同，一是因为它持续的时间较长，完全打破了价格走势原有的下跌形态，所以将这种持续下跌之后的较长时间的盘整走势称为"止跌企稳走势"，这是跌势见底的强烈信号。二是在这段止跌企稳走势中，投资者往往会看到股市或个股量能的明显的变化，这是我们分析多空双方力量转换情况的重要依据。下面就结合实例来看看底部区的量能究竟是以何种形态呈现出来的。

图 5-1 为上证指数 2004 年 4 月至 2006 年 1 月期间走势，股指在深幅下跌之后，于 2005 年 2 月至 2006 年 1 月长达一年的时间内，呈现出低位区的横盘震荡走势。很明显，这种走势就是底部区的止跌企稳走势，观察股市底部区的量能，可以发现，它呈现出相对温和的放量形态，但量能的放大效果并不明显。由于在止跌企稳走势中出现的量能放大往往代表着场外买盘资金的涌入，也代表着多方力量的汇聚，因而，量能放大效果越明显，则说明多方力量汇聚速度越快，底部区持续的时间也就相对较短（最短也要持续几个月的时间，否则，这一走势就不能称为"底部区的止跌企稳走势"，反而极有可能是下跌途中的一次盘整走势或反弹走势）。

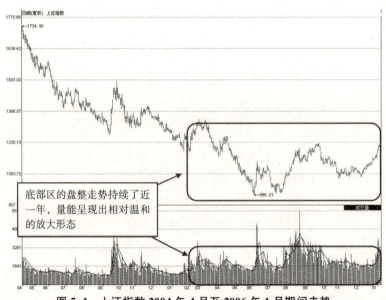

图 5-1　上证指数 2004 年 4 月至 2006 年 1 月期间走势

对于本例来说，由于底部区量能的放大较为温和（说明多方力量积累的速度较为缓慢）且前期下跌走势持续时间极长（接近 4 年），这使得股市中的交投气氛极其清淡，市场人气难以在短时间内快速汇聚起来，因而，股市构筑底部区间的时间也就相对较长。

图 5-2 为上证指数 2013 年 10 月至 2014 年 10 月期间走势，如图所示，股市在 2013 年出现了快速的深幅下跌走势，股指在低位区出现了止跌企稳、量能大幅放出的形态，这期间的成交量远远超越了 2009 年牛市量能峰值。暴跌之后必然会出现暴涨的走势，这一波行情出现以后股指上涨速度较快，为投资者提供了不错的盈利机会。

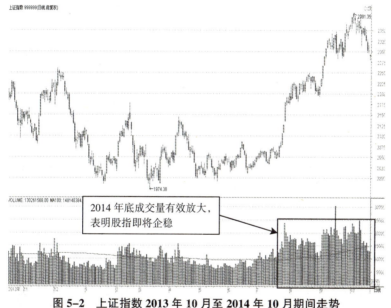

图 5-2　上证指数 2013 年 10 月至 2014 年 10 月期间走势

图 5-3 为龙溪股份（600592）2012 年 1 月至 2013 年 1 月期间走势。如图所示，此股在深幅下跌后的筑底走势中，出现了明显的量能放大形态，这是场外资金开始加速入场的标志，也是多方力量于底部区快速汇聚的标志，这为随后的升势出现打下了基础。

图 5-4 为双鹭药业（002038）2013 年 8 月至 2014 年 11 月期间走势，如图所示，此股在深幅下跌后的低位区经历了长时间的盘整走势。仅从价格走势中，我们难以判断这是否就预示着底部出现止跌企稳的形态，但同期成

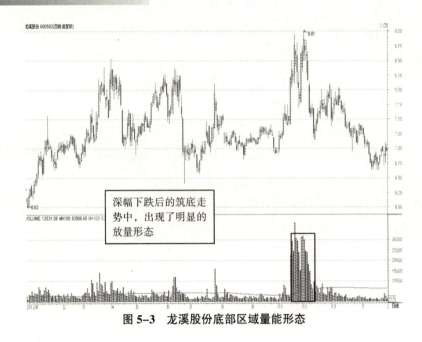

图 5-3　龙溪股份底部区域量能形态

交量的持续放大却提示我们，市场的多空双方力量正在发生转变。可以说，量能形态的变化是把握底部区出现的明确信号之一。

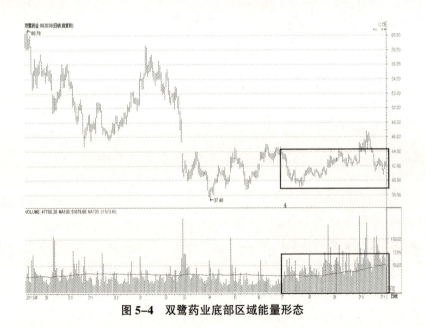

图 5-4　双鹭药业底部区域能量形态

第二节 上升趋势初期的量能特征

经历了底部区的能量积累后，多方就会慢慢地占据主动，在一些利好消息（如经济回暖、周边市场回暖、扶持性政策出台等）的配合下，股市及个股就会在不断涌入的买盘资金推动下出现上涨并步入到上升趋势之中。这属于筑底之后的一波上涨走势，是多方力量"小试牛刀"的体现，也是大规模上涨行情即将出现的前奏。

在这一波脱离底部区的上涨走势中，价格会向上创出新高并呈现出突破上行的态势，且成交量被再次放大（相对于前期底部震荡区的量能而言）。这说明市场的买盘较为充足，是充足的买盘推动了价格的突破上行，也是多方力量强劲的表现，预示了上升趋势正在展开。

图 5-5 为上证指数 2005 年 3 月至 2006 年 6 月期间走势，如图所示，股市在脱离底部区的一波上涨走势中，量能再度明显放大，这说明市场买盘充足、多方力量强劲，是上升趋势初步形成的典型标志。由于上升趋势是一

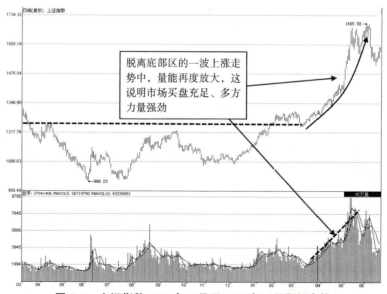

图 5-5 上证指数 2005 年 3 月至 2006 年 6 月期间走势

个相对漫长的过程，因而，此时也是投资者中长线买股布局的明确信号。

图 5-6 为上证指数 2008 年 5 月至 2009 年 4 月期间走势，如图所示，股市在脱离底部区的上涨走势中同样也出现了量能的明显放大。通过这一波上涨走势中的量能放大形态，我们可以准确地预见到股市的后期上升空间仍然较为乐观。因为，这种脱离底部区的放量上涨形态正是多方力量极为充足的表现。

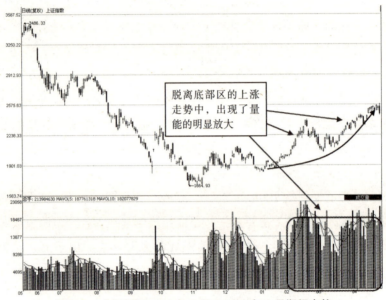

图 5-6　上证指数 2008 年 5 月至 2009 年 4 月期间走势

图 5-7 为紫江企业（600210）2008 年 4 月 14 日至 2009 年 2 月 24 日期间走势，如图所示，此股在深幅下跌后首先出现震荡筑底的走势，随后，此股在脱离底部区的一波上涨走势中出现了量能的再度明显放大，这说明个股的上升趋势已经形成，是股民买股入场的绝佳时机。图 5-8 显示了此股随后的走势情况。

图 5-9 为格力地产（600185）2008 年 1 月至 2009 年 2 月期间走势，如图所示，此股在脱离底部区的一波突破上行走势中出现了量能的明显放大，这是市场做多力量极为充足的表现，也是上升趋势形成的标志，它预示着个股后期仍有较大的上涨空间。图 5-10 显示了此股随后的走势情况。

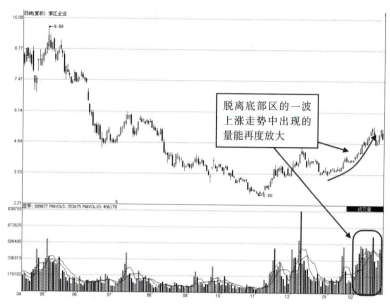

图 5-7　紫江企业脱离底部区的放量上涨形态

图 5-8　紫江企业脱离底部的运行形态

图 5-9　格力地产脱离底部区的放量上涨形态

图 5-10　格力地产脱离底部的运行形态

第三节　主升浪的量能特征

经历了底部区的震荡及脱离底部区的一小波上涨走势后，多方力量已完全占据了主导地位。此时，借助于良好的场内外环境，价格走势就会在不断涌入的买盘资金的推动下步入到上升趋势的主升浪阶段。这一阶段是上升趋势中涨幅最大、持续时间最长的一个阶段，我们在衡量一轮牛市行情的力度时，往往就是以这一波的主升浪作为衡量标准。

在这一阶段，股市及个股的量能往往会呈现出量价齐升的形态，即随着价格走势的步步攀升，成交量也随之逐步放大。这种量能形态所蕴含的市场含义是：虽然股市的不断上涨导致了很多获利者抛售离场，但同时也有更多的场外资金买股入场，并且在这场多空双方的交战中，多方取得了胜利，这说明市场买盘资金充足，且充足的买盘推动了价格的节节攀升。因而，这种量能形态预示着升势仍将持续，这是上升趋势稳固、持久的外在表现。

图 5-11 为上证指数 2005 年 8 月至 2007 年 6 月期间走势，在这张走势全景图中，包括了股市的震荡筑底走势、突破底部后的一波上涨走势。因而，更便于股民了解趋势运行、发展过程中的量能变化情况。如图所示，当股市正式步入到上升趋势中的主升浪阶段后，我们可以看到明显的量价齐升形态：随着指数的节节攀升，成交量也同步上扬。这说明股市人气越来越旺、场外买盘涌入的速度也越来越快，正是加速涌入的买盘推动了股市的持续上涨。

图 5-12 为中国石化（600028）2006 年 3 月至 2007 年 6 月期间走势图，如图所示，此股在上升趋势的运行过程中，出现了反映买盘充足、多方力量强劲的量价齐升形态。在实盘操作中，只要这种量价关系不出现明显的转变，股民就可以采取积极的持股待涨的操作策略。

图 5-13 为保利地产（600048）2008 年 8 月 1 日至 2009 年 7 月 21 日期间走势，如图所示，此股在上升途中出现了量价齐升形态，这是个股升势持

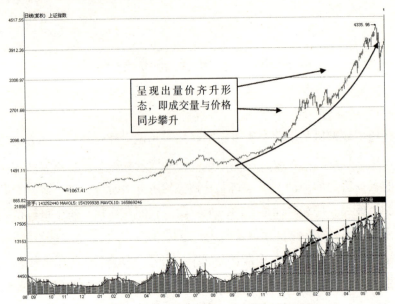

图 5-11　上证指数上升趋势中的量价齐升形态

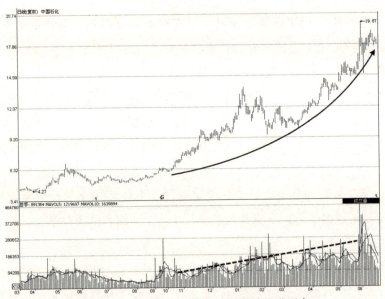

图 5-12　中国石化上升趋势中的量价齐升形态

续的标志，也是多方力量强劲的表现。

　　虽然"量价齐升"形态是上升趋势中主升浪阶段的一种常见量能形态，但也有很多个股在上升途中并没有出现量价配合关系。那么，这种上涨走势

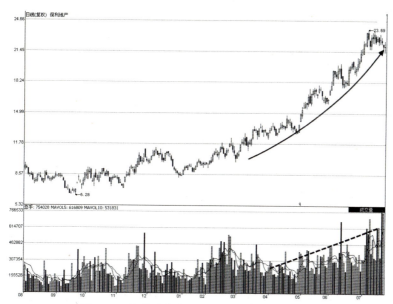

图 5-13　保利地产上升趋势中的量价齐升形态

是不是就极不稳定呢？答案是否定的。就笔者经验而言，只要股市或个股在上升途中的量能始终保持在一个极为活跃的放大状态下，就可以认为这是多方力量较为充足的表现，也是买盘持续大量入场的标志，股民就可以进行积极的持股待涨操作。

　　图 5-14 为江铃汽车（000550）2008 年 5 月至 2009 年 12 月期间走势，如图所示，虽然此股在上升途中并没有出现明显的量价齐升形态，但此股在上升途中的成交量却始终保持在一种较为活跃的放大状态，且其平均量能明显地大于底部区。这说明上升途中买盘涌入速度较快，这是多方力量较为充足的表现。

　　图 5-15 为上海汽车（600104）2008 年 9 月至 2009 年 12 月期间走势，如图所示，此股在上升途中的量能始终保持在一种较为活跃的放大状态，这种量能形态可以说较好地反映了买盘入场积极、做多力量充足这样一种市场状况，它是升势持续的标志，也是股民持股待涨的明确信号。

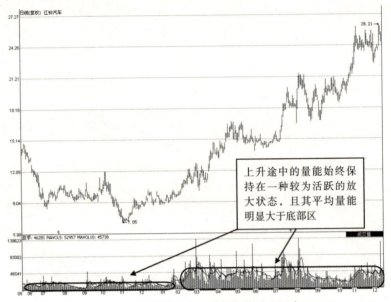

图 5-14　江铃汽车上升途中量能放大形态

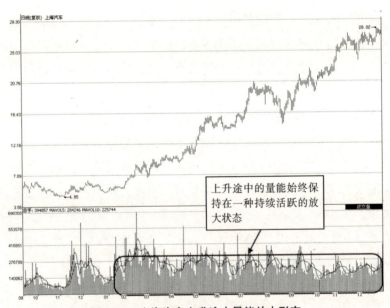

图 5-15　上海汽车上升途中量能放大形态

第四节 见顶前涨势中的量能特征

趋势一旦形成就具有极强的惯性，主升浪阶段的"量价齐升"形态是多方完全占据压倒性优势的体现，也是场外买盘资源十分充足的表现。但是，当买盘资金开始减少、多方力量不再完全占据压倒性优势的时候，由于趋势运行产生的强大惯性，价格的上涨走势往往仍将持续一段时间，这就是见顶前的最后一两波上涨。

在见顶前的一两波上涨走势中，由于买盘资金的减少，往往会出现一种较为独特的量价配合关系——量价背离形态，即虽然这一两波上涨走势使得价格再创新高，但是上涨时的量能却明显小于之前主升浪阶段的量能。可以说，当这种量价配合关系出现在股市或个股持续上涨后的高位区走势中时，它往往是价格走势即将见顶的明确信号。

图 5-16 为上证指数 2006 年 9 月至 2007 年 10 月期间走势，如图所示，股市在持续上涨后的高位区再度出现了一波强势上涨行情，但是这一波上涨的量能却明显小于之前主升浪阶段的量能，即呈现出了明显的量价背离形态，这是市场买盘逐渐减弱的迹象。同时，这一波的上涨并非源于充足买盘的涌入，而是源于上升趋势所具有的强大惯性，或者说是源于投资者的狂热情绪。很明显，这种上涨走势是不稳定的，当它出现在高位区时，大多预示着多方力量正在减弱，而空方抛压则稳步增强，这是顶部区即将出现的强烈信号。

图 5-17 为招商银行（600036）2006 年 10 月至 2007 年 11 月期间走势，如图所示，此股在持续上涨后的高位区又出现了两小波上涨行情，这使得股价再创新高。但是这两波上涨走势中的成交量却明显缩小，呈现出量价背离形态，这是个股上升趋势即将见顶的明确信号。

图 5-18 为华夏银行（600015）2006 年 10 月至 2007 年 10 月期间走势，如图所示，此股在持续上涨后的高位区出现了明显的量价背离形态，这种形态准确地预示了升势即将结束、顶部区即将出现这一趋势运行状态。

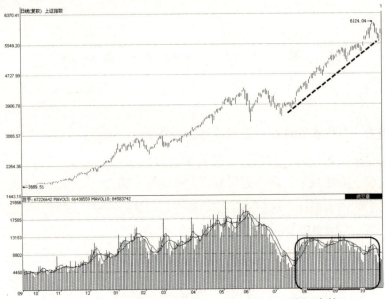

图 5-16　上证指数 2006 年 9 月至 2007 年 10 月期间走势

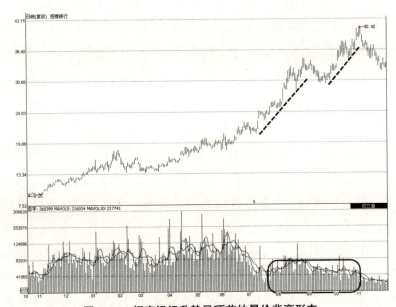

图 5-17　招商银行升势见顶前的量价背离形态

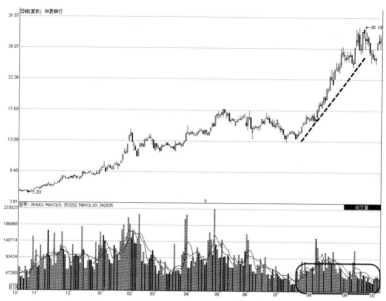

图 5-18　华夏银行升势见顶前的量价背离形态

第五节　顶部区的量能特征

　　上升趋势不可能一直持续下去，价格的持续上涨过程也是一个持续消耗多方力量的过程，场外的买盘资金毕竟是有限的，随着价格的持续走高、个股的估值状态越来越高，场外的买盘力量也会逐步减弱，而获利抛压则会逐步增强。当多方无法再度推升价格上涨时，升势即刻见顶。

　　顶部区的成交量往往呈现出相对的缩量形态，这是投资者在高位区买股消极的表现，也是市场买盘趋于枯竭的表现，与同期的震荡滞涨形态结合起来，这种缩量滞涨的量价配合关系就是顶部出现的最为典型的标志。

　　图 5-19 为上证指数 2007 年 2 月 6 日至 2008 年 1 月 21 日期间走势，如图所示，股市在持续上涨后的高位区出现了震荡滞涨走势，彻底打破了此股原有的上升形态，并且同期的成交量也明显萎缩，不仅远远小于主升浪阶段的成交量，而且也明显小于见顶前一波上涨走势中的成交量，这说明市场买盘资源已近枯竭，这是股市处于顶部区的标志。

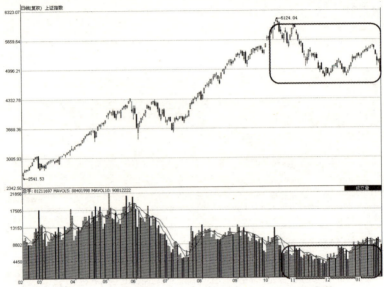

图 5-19　上证指数 2007 年 2 月至 2008 年 1 月期间走势

图 5-20 为招商银行（600036）2007 年 2 月 9 日至 2008 年 1 月 30 日期间走势，图 5-21 为华夏银行（600015）2006 年 10 月 24 日至 2008 年 2 月 20日期间走势。这两只个股在持续上涨后的高位区均呈现出明显的缩量滞涨形态，这种形态准确地反映了这两只个股顶部区的出现，这是股民高位逃顶的

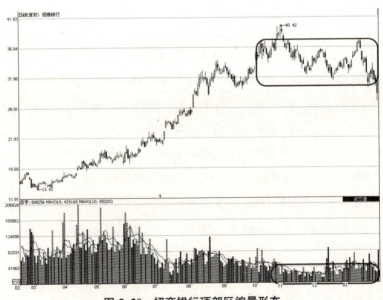

图 5-20　招商银行顶部区缩量形态

图 5-21　华夏银行顶部区缩量形态

明确信号。

图 5-22 为山东黄金（600547）2009 年 1 月 21 日至 2010 年 5 月 12 日期间走势，如图所示，此股在持续上涨且累计涨幅较大的情况下，于高位区出现了较长时间的缩量滞涨形态，这是个股升势见顶的信号。

图 5-22　山东黄金顶部区缩量形态

图 5-23 为方兴科技（600552）2009 年 6 月 25 日至 2010 年 5 月 10 日期间走势，如图所示，此股在大幅上涨后的高位区出现了震荡滞涨、量能明显萎缩的形态，这是个股升势见顶的标志。图 5-24 显示了此股在这种缩量滞涨形态后的走势情况。

图 5-23　方兴科技顶部区缩量形态

图 5-24　方兴科技顶部区缩量滞涨形态后走势

第六节　下跌途中的量能特征

　　顶部是空方逐步积聚能量的过程，经过顶部区的震荡滞涨走势后，多空双方平衡状态就会被打破，随后，空方就占据主导地位。而此时的股市或个股由于前期牛市的累积，涨幅巨大，获利者极多，滞涨的走势会使越来越多的持股获利者产生卖股离场的倾向。此时，潜在空方力量就会转变成为实实在在的空方抛压，从而使价格走势进入到下跌通道之中。

　　"涨时放量、跌时缩量"是价格运动过程中的常态，股价上涨时，获利都有较强的卖出愿望，因而，要想推动价格持续上涨，就需要有足够的买盘资金入场，从而形成放量上涨的形态；反之，在股价下跌时，我们却不能把跌势理解为由充足的卖盘推动而实现的，持续的下跌仅仅是由买盘无意入场或是场外买盘资源趋于枯竭所造成的，这就是跌时缩量形态产生的原因。一般来说，在整个下跌途中，除了由于跌势加快而导致个别交易日放量或是下跌途中的反弹走势放量外，绝大多数时间里量能是处于明显萎缩的形态的，"缩量"是下跌趋势最为典型的量能形态。

　　图 5-25 为同洲电子（002052）2013 年 10 月至 2014 年 8 月期间走势。如图所示，当此股经历了顶部区的震荡滞涨走势并开始步入到下跌走势中时，我们可以看到，下跌途中的成交量相对于前期上涨走势及顶部区的震荡走势而言，出现了明显的萎缩，这就是典型的下跌趋势中的缩量形态，它说明市场观望情绪较重、场外买盘资金无意入场。可以说，只要这种缩量下跌形态不改变，下跌趋势就仍将持续下去，这时股民就不宜过早地买股入场。

　　图 5-26 为华孚色纺（002042）2013 年 10 月至 2014 年 8 月期间走势。如图所示，此股由高位区开始反转下跌，随着下跌走势的持续，其成交量呈现出明显的缩量形态，这正是此股跌势持续的典型特征。

　　图 5-27 为包钢股份（600010）2009 年 7 月 22 日至 2010 年 8 月 30 日期间走势，如图所示，此股在长期的震荡下跌走势中呈现出明显的缩量形态，

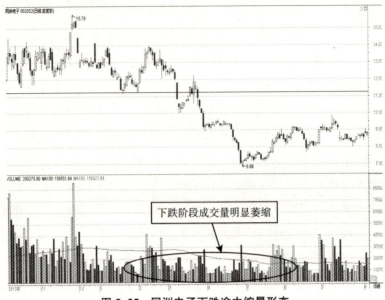

图 5-25　同洲电子下跌途中缩量形态

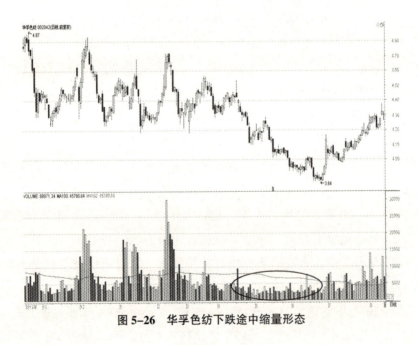

图 5-26　华孚色纺下跌途中缩量形态

这是场外买盘无意入场的表现，也是跌势仍将持续的标志。此时，股民不可急于抄底买股。

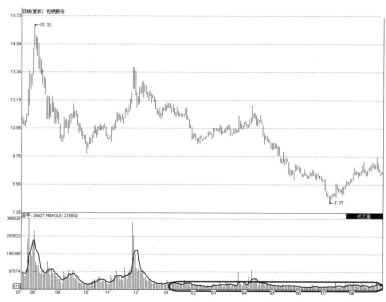

图 5-27　包钢股份下跌途中缩量形态

第六章　把握上升趋势与下跌趋势

通过前面的讲解，我们对股市及个股的趋势运行规律已经有了一个系统全面的了解，但是在实盘操作中，理解这些知识性的内容并不能有效地提高操盘的胜算率，实盘操作中更讲究的是对当前趋势运行情况的分析。因而，只有准确地识别出当前的趋势运行情况，股民才能借助于趋势进行操作，实现获利。

第一节　运用移动平均线识别升势与跌势

移动平均线 MA（Moving Average）是依据道氏理论中的"平均成本"概念并借助于数学中的移动平均原理而创设的一种趋势类指标，它的主要作用就是直观清晰地反映市场平均持仓成本的变化情况，进而指示出趋势的运行情况。

移动平均线的计算方法较为简单，也容易理解，它将不同时间周期下的市场平均持仓成本借助于曲线的形式表现出来，再利用这些曲线的运行形态、位置关系来分析当前市场的趋势运行情况。在计算时，移动平均线往往以每个交易日的收盘价 C_n 表示当日的市场平均成本值，下面就以 5 个交易日作为计算周期，来看看移动平均线的计算方法。其中，以 C_n 代表第 n 日的收盘价，以 MA5(n) 代表在第 n 日计算所得的 5 日移动平均值：

$$MA5(n) = (C_n + C_{n-1} + C_{n-2} + C_{n-3} + C_{n-4}) \div 5$$

将每一日的数值连成曲线，便得到了常见的 5 日移动平均线（计算周期为 5 个交易日），即 MA5。除了 5 日这一时间周期外，常见的时间周期还有

10日、15日、20日、30日、60日和120日等。在实盘操作中，股民可以主要关注5日均线MA5、15日均线MA15、30日均线MA30以及60日均线MA60，因为它们分别代表了短期、中期、中长期这几个较具代表性的时间段。下面就结合实例来分析如何利用移动平均线识别上升趋势与下跌趋势。

1. 均线多头排列形态与上升趋势

上升趋势是市场平均持仓成本不断上移的运动过程，由于买盘的不断入场，此时，周期较短的市场平均持仓成本会相应地高于周期相对较长的市场平均持仓成本，体现在均线系统的排列形态上就是向上发散的多头排列形态。

所谓"多头排列形态"是指周期相对较短的均线运行于周期相对较长的均线上方。可以说，这种向上发散的多头排列形态就是上升趋势的最直观体现形式，当股市或个股在运行过程中呈现出这种向上发散的多头排列形态时，即可以准确地识别出其正处于上升趋势之中。

图6-1为北方国际（000065）2008年9月12日至2009年7月31日期间走势，图中由细到粗的四根均线分别为MA5、MA15、MA30和MA60。如图所示，当此股经历了底部区的震荡并开始步入上升途中之后，均线系统呈现出明显向上发散的多头形态，这是多方完全占据市场主导地位的体现，预示着上升趋势正在展开，这也是股民应积极持股待涨的明确信号。

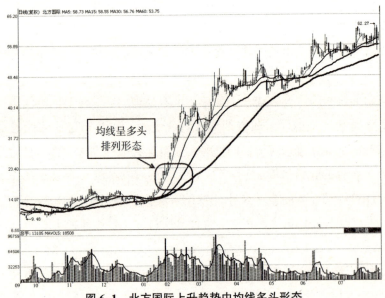

图6-1 北方国际上升趋势中均线多头形态

图 6-2 为中国银行（601988）2014 年 3 月至 2015 年 12 月期间走势。如图所示，当此股开始逐步步入到上升趋势后，可以看到其均线呈现为清晰的多头排列形态，透过均线的这种向上发散的多头排列形态，我们可以很好地识别出此股当前的趋势运行状态，这对于中长线投资者来说是至关重要的，它可以使我们不错过正在展开的牛市行情。

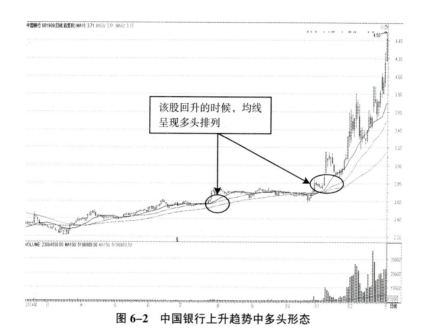

图 6-2　中国银行上升趋势中多头形态

图 6-3 为 ST 三星（现为 ST 华赛）（000068）2008 年 12 月 25 日至 2010 年 3 月 17 日期间走势，如图所示，此股在此期间处于上升趋势的运行状态中，而均线的多头排列形态就是对此股这一趋势运行状态的最好体现。

向上发散的多头排列形态是多方力量完全占据主导地位并掌握主动、展开攻势的标志。但多方力量的攻势不可能不做休整地一直保持下去，当多方力量在某一阶段涨幅过快、过大时，就会出现一段休整，此时会出现短期均线 MA5 向下靠拢中期均线 MA30 及中长期均线 MA60，或者出现几条均线（MA5、MA15、MA30）向下黏合 MA60 的形态，从而使得均线系统不再呈现出明确的向上发散多头排列形态。这是上升途中回调走势或整理走势的表现形式，并不预示着升势的结束，对于中长线投资者来说，仍应积极地持股待涨。

图 6-3　ST 三星上升趋势中均线多头形态

　　图 6-4 为潍柴动力（000338）2009 年 1 月 12 日至 2010 年 1 月 14 日期间走势，如图所示，此股在上升途中出现了一波明显的横盘整理和一波明显的下跌回调走势，走势的变化也使得均线形态出现变化，由原来的多头排列形态转变为几根均线（MA5、MA15、MA30）向下靠拢 MA60 的形态。但是

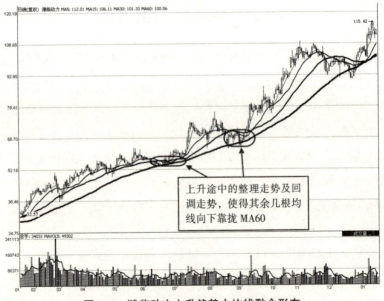

上升途中的整理走势及回调走势，使得其余几根均线向下靠拢 MA60

图 6-4　潍柴动力上升趋势中均线黏合形态

MA60 仍然对价格走势构成了强大的支撑，这说明多方力量仍旧总体占优，而且个股的前期累计涨幅并不是很大。因而，均线形态的这种变化只是对上升途中整理走势及回调走势的反映，并不能预示升势的结束或即将结束，对于中长线投资者来说，此时仍应持股待涨。

图 6-5 为电子城（600658）2014 年 5 月至 2015 年 3 月期间走势图。如图所示，此股在上升途中出现了一段时间的盘整走势，在此期间的均线排列也呈现为黏合形态，但这种黏合形态仅仅是上升途中盘整走势的表现形式，并不能构成个股升势见顶的信号。

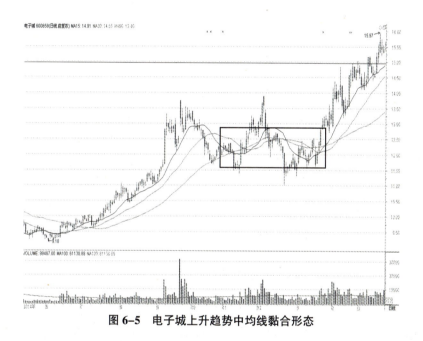

图 6-5　电子城上升趋势中均线黏合形态

2. 均线空头排列形态与下跌趋势

下跌趋势是市场平均持仓成本不断下移的运动过程，由于卖盘的不断抛售离场，此时，周期较短的市场平均持仓成本会相应地低于周期相对较长的市场平均持仓成本，体现在均线系统的排列形态上就是向下发散的空头排列形态。

所谓"空头排列形态"是指周期相对较短的均线运行于周期相对较长的均线下方。可以说，这种向下发散的空头排列形态就是下跌趋势的最直观体现形式，当股市或个股在运行过程中呈现出这种向下发散的空头排列形态时，股民即可以准确地识别出其正处于下跌趋势之中。

图6-6为中国石化（600028）2009年11月24日至2010年8月30日期间走势，图中由细到粗的四根均线分别为MA5、MA15、MA30以及MA60。如图所示，当此股经历了顶部区的震荡并开始步入下跌途中后，均线系统呈现出了明显向下发散的空头形态，这是空方完全占据市场主导地位的体现，预示着下跌趋势正在展开，也是股民耐心持币观望的信号。

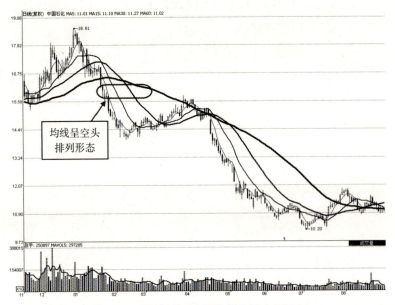

图6-6　中国石化下跌趋势中均线空头形态

图6-7为外高桥在2013年10月到2014年8月期间走势。如图所示，当此股开始步入到下跌趋势后，其均线呈现为清晰的空头排列形态，通过均线的这种向下发散的空头排列形态，股民可以很好地识别出此股当前的趋势运行状态。

向下发散的空头排列形态是空方力量完全占据主导地位并掌握主动、展开攻势的标志。但空方不可能一直保持强劲的打压势头，当个股出现阶段性的快速下跌走势后，持股者的短期抛售意愿就会下降，此时的下跌走势也会出现休整，而短期均线MA5则会向上靠拢中期均线MA30及中长期均线MA60，或者出现几条均线（MA5、MA15、MA30）向上黏合MA60的形态，从而使得均线系统不再呈现明显的向下发散空头排列形态。这是下跌途中反

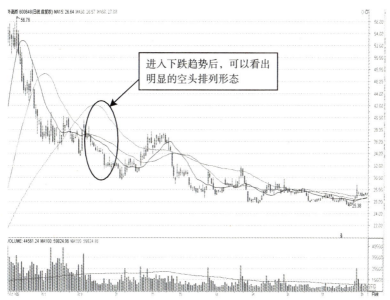

进入下跌趋势后，可以看出明显的空头排列形态

图 6-7　外高桥下跌趋势中均线空头排列形态

弹走势或整理走势的表现形式，并不预示着跌势的结束，对于中长线投资者来说，仍应耐心持币观望，不宜过早入场抄底。

图 6-8 为中江地产（600053）2007 年 7 月 30 日至 2008 年 11 月 13 日期间走势，如图所示，此股在下跌途中出现的盘整走势及反弹走势使得均线形态发生变化，由原来的空头排列形态转变为几根均线（MA5、MA15、MA30）向上靠拢 MA60 的形态。但是 MA60 仍然对价格走势构成了强大的阻挡，这说明空方力量仍旧总体占优。因而，均线形态的这种变化并不是预示跌势结束的信号，它仅仅代表了下跌途中的短暂休整，对于中长线投资者来说，此时仍应耐心持币观望。

图 6-9 为金融街（000402）2009 年 11 月 10 日至 2010 年 7 月 2 日期间走势，如图所示，此股在下跌途中出现了均线黏合形态，但代表中长期价格走势的 MA60 均线仍旧保持着总体向下的运行形态。因而，这只是下跌途中的一次休整，随着休整的结束，下跌趋势仍将持续下去。

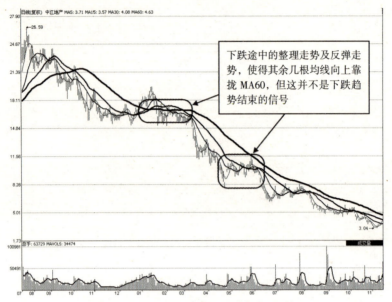

下跌途中的整理走势及反弹走势，使得其余几根均线向上靠拢 MA60，但这并不是下跌趋势结束的信号

图 6-8　中江地产下跌途中均线黏合形态

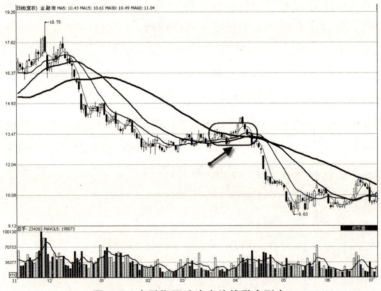

图 6-9　金融街下跌途中均线黏合形态

第二节　运用 MACD 识别升势与跌势

指数平滑异同移动平均线 MACD（Moving Average Convergence and Divergence）是一种从移动平均线发展而来的趋势类指标，它通过研判不同时间周期的均线之间的位置关系来指示趋势运行情况。此外，在均线的基础之上，MACD 通过利用短期（常为 12 日）移动平均线与长期（常为 26 日）移动平均线之间的聚合与分离状况，还可以很好地指导投资者进行中短线的买卖操作。

1. 指标线运行于零轴上方与上升趋势

在 MACD 指标窗口中，可以看到 MACD 指标由两条指标线及位于零轴上方或下方的柱状线组成。这两条指标线一条为 DIFF 线，其 DIFF 值也称离差价，它是快速平滑移动平均线（EMA1）和慢速平滑移动平均线（EMA2）的差值，其数值大小代表了这两条移动平均线之间的距离大小。当 DIFF 为正值且快速向上攀升时，说明短期均线运行于中长期均线上方，且正向上快速脱离中长期均线；反之，当 DIFF 为负值且快速下降时，说明短期均线运行于中长期均线下方，且正向下快速脱离中长期均线。另一条指标线为 DEA 线，DEA 是 DIFF 的移动平均值曲线。

当价格走势处于上升趋势中时，在 MACD 指标窗口中的 DIFF 线与 DEA 线会持续、稳健地运行于零轴上方，这就是 MACD 指标对于上升趋势的直观反映。换言之，只要 DIFF 线与 DEA 线稳健地运行于零轴上方，我们就可以认为上升趋势保持良好。

图 6-10 为锦江投资（600650）在 2014 年 2 月到 2015 年 5 月期间走势。在 MACD 指标窗口中，用虚线标示了零轴所在位置。如图所示，此股在此期间处于稳健攀升的上升趋势中，而 MACD 指标线（DIFF 线与 DEA 线）则通过稳健运行于零轴上方而直观清晰地反映出此股的这种趋势运行状态。

图 6-10　锦江投资回升趋势中 MACD 指标形态

图 6-11 为吉林化纤（000420）2008 年 11 月 14 日至 2010 年 3 月 6 日期间走势，如图所示，此股在持续上升走势的运行过程中，其 MACD 指标线也持续、稳健地运行于零轴上方。透过 MACD 指标线与零轴之间的这种位置关系，我们可以很好地识别出此股当前的趋势运行情况。

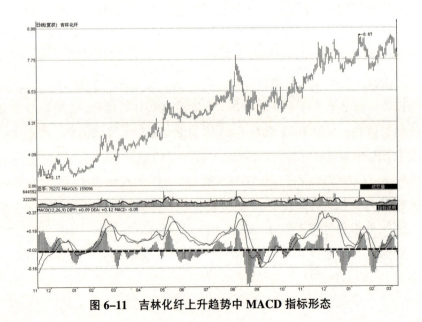

图 6-11　吉林化纤上升趋势中 MACD 指标形态

图 6-12 为丽珠集团（000513）2008 年 11 月 10 日至 2010 年 2 月 26 日期间走势，如图所示，此股在长达 1 年多的时间内处于上升趋势中，而这种趋势运行状态是可以通过 MACD 指标线与零轴之间的位置关系进行准确识别的。

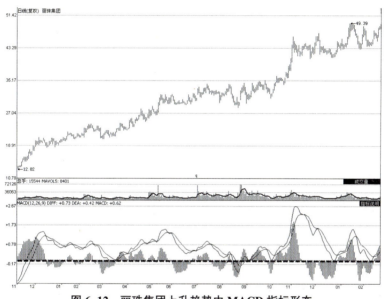

图 6-12　丽珠集团上升趋势中 MACD 指标形态

2. 指标线运行于零轴下方与下跌趋势

当价格走势处于下跌趋势中时，在 MACD 指标窗口中，此时的 DIFF 线与 DEA 线会持续地运行于零轴下方，这就是 MACD 指标对于下跌趋势的直观反映。换言之，只要 DIFF 线与 DEA 线仍然持续地运行于零轴下方而无法站稳于零轴上方，就可以认为下跌趋势仍然持续。

图 6-13 为力合股份（000532）2009 年 7 月 22 日至 2010 年 8 月 30 日期间走势，在 MACD 指标窗口中，用虚线标示了零轴所在位置。如图所示，当此股由高位区开始转入震荡下跌走势中后，其 MACD 指标线（DIFF 线与 DEA 线）就开始持续地运行于零轴下方，这是 MACD 指标线对下跌趋势的直观反映。

图 6-14 为青岛海尔（600690）2012 年 12 月至 2013 年 7 月期间走势。如图所示，此股在持续下跌走势的运行过程中，其 MACD 指标线也持续地运

图 6–13　力合股份下跌趋势中 MACD 指标形态

行于零轴下方，通过 MACD 指标线与零轴之间的这种位置关系，就可以很好地识别出此股当前的趋势运行情况。

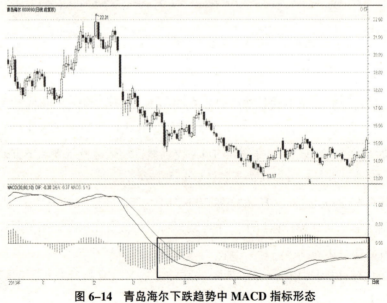

图 6–14　青岛海尔下跌趋势中 MACD 指标形态

图 6-15 为昆百大 A（000560）2009 年 12 月 30 日至 2010 年 7 月 21 日期间走势，如图所示，此股在此期间处于震荡下跌的趋势运行状态，而这

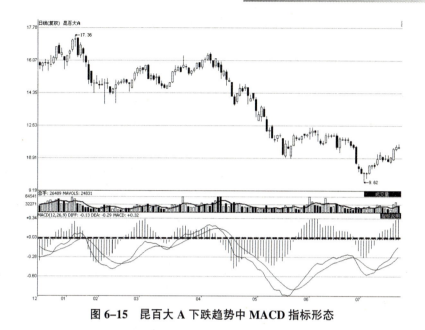

图 6-15 昆百大 A 下跌趋势中 MACD 指标形态

种趋势运行状态是可以通过 MACD 指标线与零轴之间的位置关系进行准确识别的。

第三节 运用趋势线识别升势与跌势

趋势线，顾名思义，其主要作用是用于指示趋势的运行情况。趋势线可以分为上升趋势线与下降趋势线，上升趋势线称为支撑线，下降趋势线称为阻力线。透过趋势线的形态，我们能对看似繁杂无序的价格波动走势形成更为准确的预见，使我们清晰地了解当前的趋势运行情况。

1. 上升趋势线与上升趋势

当价格走势震荡上行时，通过连接价格波动过程中的两个相邻低点（谷底），即可以得到一根上升趋势线。上升趋势线的主要作用就是指示价格上涨过程中的支撑位置。

一般来说，在上升趋势中，当价格走势短期内快速向上脱离支撑线时，由于获利抛压的涌出，会使股价再度向支撑线靠拢；反之，当股价回调至支撑线附近时，由于多方力量的大力承接，个股又会展开新一波的上涨走势。下面就结合实例来分析如何在实盘操作中使用上升趋势线。

图6-16为海南海药（000566）2008年9月18日至2010年5月4日期间走势，如图所示，将此股波动过程中的相邻低点（在图中用小圆圈表示）进行连接即可以得到上升趋势线（在图中用虚线表示）。可以看到，这是一根向上倾斜的直线，而这一趋势线很好地反映了此股在上升趋势中支撑位的变化情况。通过这一趋势线，股民可以对此股的趋势运行状态及升势中的支撑点位有更好的把握，这对实盘买卖操作是有重要作用的。

图6-16 海南海药上升趋势线

在使用趋势线时，我们应关注它所能串联的低点数量。一般来说，上升趋势线所连接的低点数量越多，则这一趋势线就越准确、可靠，它对实盘操作的指导作用就越大。对于图6-16来说，这一根趋势线共串联了5个低点，这说明这一趋势线的覆盖范围较广，能够客观准确地反映出此股在上升趋势中的波动情况。

图6-17为江苏舜天（600287）2014年6月至2015年2月日K线走势图。图中标出了此股的上升趋势线，通过这一趋势线，看似复杂的股价波动走势就变得简单清晰了，这对于把握个股的趋势运行状态及波动情况具有重

图 6-17 江苏舜天上升趋势线

要的指导意义。

图 6-18 为宝钛股份（600456）2013 年 12 月至 2014 年 4 月期间走势。图中显示了此股的上升趋势线，该上升趋势线对个股震荡上扬的走势形成了

图 6-18 宝钛股份上升趋势线

有力的支撑。每当个股在上升途中因一波回调走势而向下跌至上升趋势线附近时，就会因买盘推动而再度上涨，可以说，上升趋势线就如同跳板一样，它对个股运行起到了弹升作用。

在应用趋势线时，还应关注趋势线的角度。著名角度线大师江恩认为：45 度角的趋势线最可靠。角度过于平缓的趋势线显示出力度不足，这说明多方并未完全占据上风且攻势较差，这样的个股容易演变为长期震荡滞涨的"肉股"，难有大行情出现；反之，角度过于陡峭的趋势线则说明多方上攻较为急躁，且多方力量释放过快，这样的走势也不能持久，往往容易很快转变趋势。

通过前面的三个例子，股民可以发现，上升趋势的角度较为适中，既不过于平缓，也不过于陡峭，如果比照同期的大盘走势，我们可以发现，它们均强于同期大盘。因而，通过趋势线的角度，股民可以客观地分析出个股的强弱。如果手中持有的是相对强势股，则可以耐心持股待涨；反之，如果手中持有的是相对弱势股，则应尽早换股操作，以免延误了市场所提供的大好背景环境。

图 6-19 为广深铁路（601333）2008 年 8 月 4 日至 2009 年 6 月 16 日期间走势，如图所示，此股在震荡上涨过程中的上升趋势线角度过于平缓，这

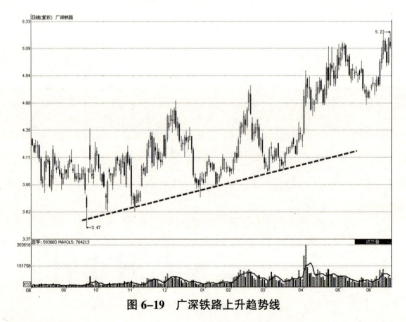

图 6-19　广深铁路上升趋势线

说明多方力量不足、个股相对弱势，在实际走势中，此股的后期表现也确实不尽如人意，如果股民手中持有这样的个股，则应尽早地换股操作。

　　上升趋势的行进过程往往也是多方力量加速释放的过程，体现在价格走势上就是：起初是稳步上升，随后涨势加速，再随后就是井喷走势。因而，通过单一的上升趋势线，往往很难客观全面地反映出整个上升趋势的行进过程。此时，股民就应注意上升趋势线的角度变化，只有这样才可以及时地通过上升趋势线把握价格的运行规律。

　　图 6-20 为天保基建（000965）在 2013 年 4 月到 2015 年 4 月期间走势。如图所示，此股近一年的时间内处于持续上涨的上升趋势中，其上涨走势呈现出一种由缓到急、由急到陡的变化。此时股民就应根据价格走势的这种变化来适时地调整上升趋势线，只有这样，才能使上升趋势线更好地反映价格的波动规律，也才能更有助于指导实盘买卖操作。

图 6-20　天保基建上升趋势线角度变化

　　图 6-21 为黔轮胎 A（000589）2008 年 11 月 7 日至 2009 年 9 月 15 日期间走势，如图所示，此股上升趋势线的角度发生了清晰的变化，这个变化过程也是价格上涨走势逐渐加速的过程，通过上升趋势线的角度变化，股民可以更好地识别此股在上升趋势中的运行情况。

图 6-21　黔轮胎 A 上升趋势线角度变化

2. 下降趋势线与下跌趋势

当价格走势震荡下行时，通过连接价格波动过程中的相邻两个高点（峰顶），即可以得到一根下降趋势线。下降趋势线的主要作用就是指示价格下跌过程中的阻力位置。因而，下降趋势线也称阻力线。

一般来说，在下跌趋势中，当价格走势短期内快速向下脱离阻力线时，由于短期抄底盘的介入，会使股价再度向阻力线靠拢；反之，当股价反弹至阻力线附近时，由于空方抛压的再度涌出，个股又会展开新一波的下跌走势。下面就结合实例来分析如何在实盘操作中使用下降趋势线。

图 6-22 为江苏舜天（600287）在 2013 年 6 月到 2014 年 7 月期间走势图。如图所示，通过将此股波动过程中的相邻高点（在图中用小圆圈表示）进行连接即可以得到下降趋势线（在图中用虚线表示）。从图中可以看到，这是一根向下倾斜的直线，而这一根趋势线很好地反映出了此股在下跌趋势中阻力位的变化情况，通过这一趋势线，股民可以对此股的趋势运行状态及跌势中的阻力点位有一个更好的把握。

对于本图来说，这一根趋势线共串联了 5 个高点，这说明这一趋势线的覆盖范围较广，能够客观准确地反映出此股在下跌趋势中的波动情况。

图 6-22　江苏舜天下跌趋势线

图 6-23 为大通燃气（000593）2007 年 12 月 17 日至 2008 年 10 月 31 日期间走势，图中标示了此股的下降趋势线，这条下降趋势线对个股震荡下跌的走势构成了有力的阻挡，每当个股在下跌途中因一波反弹走势而向上涨至下降趋势线附近时，就会因卖盘的再度涌出而出现新一波下跌走势。可以

图 6-23　大通燃气下降趋势线

说，下降趋势线就如同挡板一样，它对个股运行起到了阻挡作用。

与上升趋势线的用法相同，在使用下降趋势线时，我们也应结合价格的下跌走势，既要关注下降趋势线所连接的点数，也要关注下降趋势线的角度变化情况。这样才能正确、客观地运用这一工具识别和把握下跌趋势。

第四节 运用周K线识别升势与跌势

以周一的开盘价、周五的收盘价、全周的最高价和全周的最低价为要素，即可绘制出周K线。周K线消除了价格在个别交易日的偶然波动情况，有利于股民更好地看清多空双方力量的对比情况，从而帮助其准确地识别出趋势的运行情况。

1. 周阳线与上升趋势

当股市或个股步入上升趋势后，市场就会进入到多方力量总体占优的环境中，空方也许会在某个交易日中大量抛压，从而使得日K线出现阴线形态。但由于多方力量占据了总体优势，因而，在一周的交投过后，空方是难以占据优势的。多空双方的这种力量对比格局，就体现为周K线形态上连续的小阳线及经常性的大阳线。

周K线走势图中的连续小阳线形态说明多方攻势缓慢有力，多方力量的释放张弛有度，是多方力量持续占据主导地位的体现。而经常性的大阳线则是多方突然加快攻势的体现，也是多方力量经不断蓄势后爆发的表现。

图6-24为上证指数2005年7月至2007年5月期间走势，股市在此期间处于稳健的上升趋势之中。如图所示，在整个上升趋势的行进过程中，周K线是以连续的小阳线及经常性的大阳线作为主基调的。连续的小阳线推动了股价的稳步上涨，这也是多方明显占据主导地位、力量显著强于空方的表现；经常性的大阳线则是升势加快的标志，也是多方力量充分释放的一种体现。

通过连续的小阳线及经常性的大阳线这种周K线形态，股民对市场中多空双方的力量对比格局会有一个更为准确的认识，对股市的趋势运行状态就

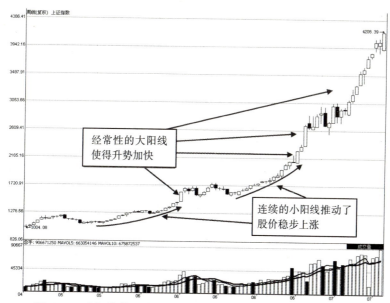

图 6-24　上证指数 2005 年 7 月至 2007 年 5 月期间周 K 线走势

会有更好的把握。

图 6-25 为风神股份（600469）在 2013 年 6 月到 2015 年 4 月周 K 线走势。如图所示，通过周 K 线图中连续出现的小阳线及经常性的大阳线，股民可以准确地识别出此股正处于上升趋势的运行之中。

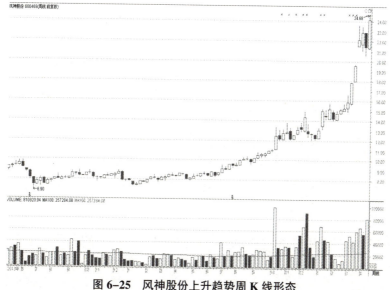

图 6-25　风神股份上升趋势周 K 线形态

图 6-26 为中恒集团（600252）2008 年 9 月至 2010 年 5 月期间周 K 线走势，如图所示，此股在此期间处于上升趋势中，如果细看这张周 K 线图就会发现，几乎清一色的都为小阳线或大阳线，而阴线形态却极少出现，即使出现了周阴线，它也不会破坏此股的上升形态。这就是周 K 线图中"连续的小阳线及经常性的大阳线"，这种形态是对上升趋势的直观反映。

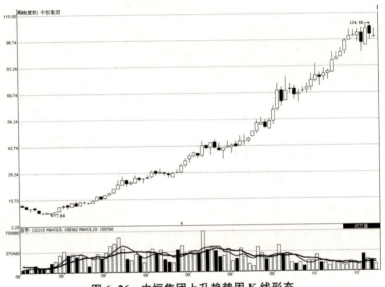

图 6-26 中恒集团上升趋势周 K 线形态

2. 周阴线与下跌趋势

当股市或个股步入下跌趋势后，这时的市场就会进入到空方力量总体占优的环境中，多方的反击也许会使股价在某个交易日出现大涨，从而使得日 K 线出现阳线形态。但由于空方力量占据了总体优势，因而，在经过一周的交投后，多方是难以占据优势的。多空双方的这种力量对比格局，就体现为周 K 线形态上连续的小阴线及经常性的大阴线。

周 K 线走势图中的连续小阴线形态说明空方的抛压持续压制着多方的承接，这是空方力量持续占据主导地位的体现；而经常性的大阴线则多是某些利空消息导致大量抛压集中涌出，这也是空方抛压极为沉重的表现形式。

图 6-27 为上证指数 2007 年 8 月至 2008 年 11 月期间周 K 线走势，如图所示，当股市由顶部区开始转入到下跌趋势后，周 K 线图中是以连续的小阴线及经常性的大阴线作为主基调的，这种周 K 线形态是股民识别和把握下

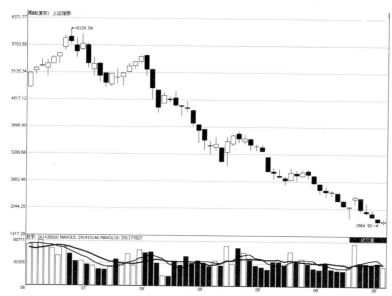

图 6-27 上证指数 2007 年 8 月至 2008 年 11 月期间周 K 线走势

跌趋势的重要信号。

图 6-28 为烽火通信（600498）在 2013 年 6 月到 2014 年 8 月的周 K 线走势。如图所示，此股在下跌途中连续出现大阴线形态，这说明空方抛压十分沉重，是空方力量占据完全主导地位的体现，也是下跌趋势持续运行的标志。

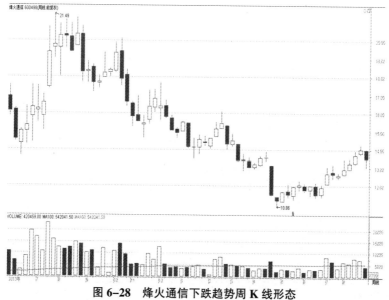

图 6-28 烽火通信下跌趋势周 K 线形态

图 6-29 为平煤股份（601666）2008 年 4 月至 11 月期间周 K 线走势，如图所示，此股在从 50 元/股区间下跌至 10 元/股区间的整个下跌途中，几乎清一色的都为阴线形态，而阳线形态却极少出现。这就是周 K 线图中"连续的小阴线及经常性的大阴线"，这种形态是对下跌趋势的直观反映。

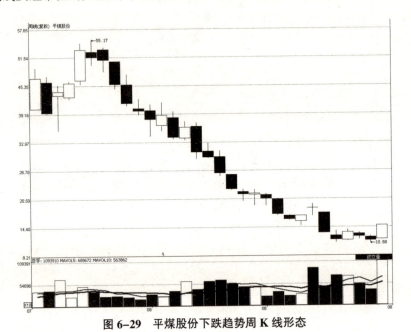

图 6-29 平煤股份下跌趋势周 K 线形态

第五节 运用涨跌比率指标识别升势与跌势

涨跌比率 ADR（Advance Decline Ratio）又称回归式的腾落指数，它是一种专门用于分析大盘运行情况的大盘类指标，并不适用于分析个股走势，这一点是与前面所讲的 MA 及 MACD 完全不同的，这两个指标既可用于分析指数走势，也可分析个股走势。

ADR 指标通过求出一定期间内上涨的股票家数与下跌的股票家数的比值来反映多空双方力量的转变，进而指示趋势运行情况。时间周期一般设定为 10 个交易日，即 ADR =（最近 10 日内的上涨股票家数）÷（最近 10 日内的下跌股票家数)。

1. 指标线运行于数值 1 上方与上升趋势

当股市处于上升趋势中时，由于多方力量占据优势，则经过 10 日的交易后，指数处于上涨状态，而指数的上涨表明在此期间内上涨的股票家数应大于下跌的股票家数。因而，ADR 的数值应大于 1。而 ADR 指标线持续运行于数值 1 上方的这种形态，就是其对上升趋势的直观反映。

图 6-30 为上证指数 2006 年 10 月至 2007 年 9 月期间走势，在 ADR 指标窗口中，用虚线标示了数值 1 所在的位置。如图所示，当股市在此期间处于稳健的上升趋势中时，ADR 指标线通过运行于数值 1 上方来很好地反映股市的这种趋势运行状态。

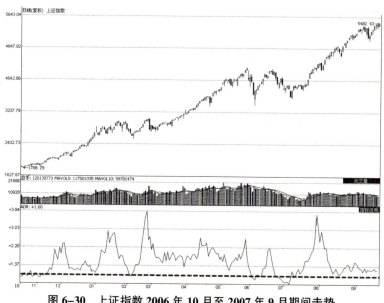

图 6-30　上证指数 2006 年 10 月至 2007 年 9 月期间走势

图 6-31 为上证指数 2008 年 11 月至 2009 年 8 月期间走势，如图所示，当股市经底部区震荡并开始步入到上升趋势后，就可以看到 ADR 指标线持续地运行于数值 1 上方，这就是 ADR 指标形态对上升趋势的直观反映。透过 ADR 指标线与数值 1 之间的位置关系，股民可以更好地了解股市中全体个股的涨跌比率情况，进而了解多空双方的力量对比格局，从而准确地识别出股市的趋势运行情况。

图6-31　上证指数2008年11月至2009年8月期间走势

2. 逐波走高形态与上升趋势强劲上行

在上升趋势中，若随着指数的逐波走高、创出新高，而同期的ADR指标线也逐波走高、创出新高，则说明多方力量非常强劲。场外买盘资金也十分充足，这是上升趋势仍将持续运行的标志，也往往预示着后期的股市仍有较大的上升空间。

图6-32为上证指数2006年10月至2007年5月期间走势，如图标注所示，随着指数的逐波走高，同期的ADR指标线也逐波上扬，这说明市场做多动力充足，预示着股市后期仍有较大的上升空间。依据ADR指标线的这一运行形态，股民应进行积极的中长线持股待涨操作。

3. 指标线运行于数值1下方与下跌趋势

当股市处于下跌趋势中时，由于空方力量占据优势，则经过10日的交易后，指数会处于下跌状态，而指数的下跌往往表明在此期间内，下跌的股票家数大于上涨的股票家数。因而，ADR的数值应小于1。而ADR指标线持续运行于数值1的下方这种形态，就是其对下跌趋势的直观反映。

图6-33为上证指数2007年12月至2008年11月期间走势，在ADR指标窗口中，用虚线标注了数值1所在的位置。如图所示，股市开始步入下跌趋势后，除了偶尔出现的反弹走势或盘整走势使得ADR指标线向上跃升到

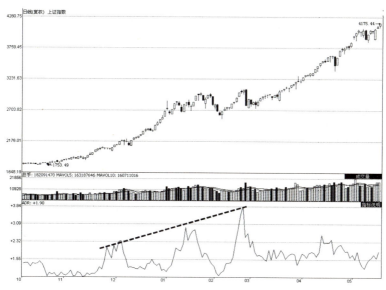

图 6-32　上证指数上升途中 ADR 指标逐波走高形态

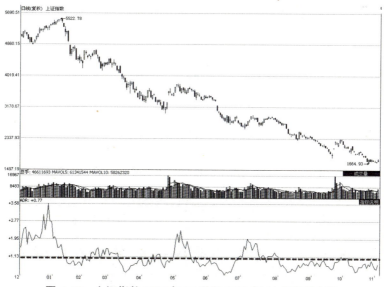

图 6-33　上证指数 2007 年 12 月至 2008 年 11 月期间走势

数值 1 上方外，在绝大多数时间内，ADR 指标线都是持续地运行于数值 1 下方。这就是 ADR 指标线运行形态对下跌趋势的直观反映。

4. 逐波走低形态与下跌趋势惯性下行

在下跌趋势中，若随着指数的逐波走低、创出新低，同期的 ADR 指标线也逐波走低、创出新低，则说明空方力量非常强劲，市场抛压也十分沉重，这是下跌趋势仍将持续运行的标志，也往往预示着后期的股市仍有一定的下跌空间。此时股民不可过早地抄底入场。

图6-34为上证指数在2012年10月到2014年7月期间走势。如图标注所示，随着指数的逐波走低，同期的ADR指标线也逐波下降，这说明市场做空动力充足，预示着股市后期仍有下跌空间。依据ADR指标线的这一运行形态，股民仍应耐心地持币观望。

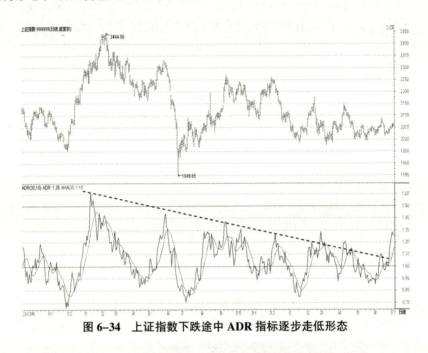

图6-34 上证指数下跌途中ADR指标逐步走低形态

第六节 运用瀑布线识别升势与跌势

瀑布线PBX也称非线性加权移动平均线，它由六条非线性加权移动平均线组成，每条平均线分别代表着不同时间周期的股价成本状况。PBX在运行过程中呈现出瀑布状，相对于MA来说，它的形态更为鲜明且能有效地过滤掉上升途中的回调走势、下跌途中的反弹走势等短期价格波动，从而更有利于股民看清价格运行的大方向。可以说，瀑布线的优点在于其不像其他指标那样频繁地发出信号，瀑布线的买卖信号出现得并不多，如果瀑布线给出了买入或卖出信号，往往就代表着中期底部或顶部的出现，它是指导投资者进行中长线操作的有利工具。

1. 多头形态与上升趋势

瀑布线由六条非线性加权移动平均线组成，这六条均线的时间周期一般设定为 M1 = 4，M2 = 6，M3 = 9，M4 = 13，M5 = 18，M6 = 24。

当价格走势处于上升趋势中时，PBX 的六条均线会呈现出鲜明的向上发散的多头排列形态。一般来说，上升途中的盘整走势及回调走势并不会明显地破坏这种多头排列形态，只要该形态仍能保持良好，则上升趋势就将持续下去，这就是 PBX 指标线形态对上升趋势的直观反映。

图 6-35 为兰州民百（600738）2014 年 6 月到 2015 年 5 月的走势图，如图所示，在此期间的瀑布线呈现出鲜明的向上发散的多头排列形态，这就是 PBX 指标线形态对上升趋势的直观反映。透过 PBX 指标的多头发散形态，股民可以更好地识别出此股正处于上升趋势之中。

图 6-35　兰州民百上升趋势 PBX 多头形态

图 6-36 为 ST 合臣（600490）2008 年 11 月 21 日至 2009 年 8 月 3 日期间走势，如图所示，此股在低位区即呈现出 PBX 的多头排列形态，这就意味着个股上升趋势已经展开，这是股民进行逢低布局的买股时机。

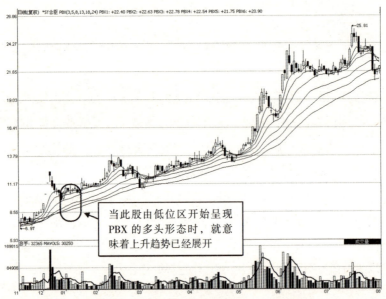

图 6-36 ST 合臣上升趋势中 PBX 多头形态

图 6-37 为北方国际（000065）2008 年 11 月 18 日至 2009 年 8 月 5 日期间走势，如图所示，此股在步入上升途中后，其 PBX 就呈现出鲜明的向上发散的多头排列形态，这正是 PBX 对此股进入上升趋势的直观反映。透过 PBX 向上发散的多头排列形态，股民可以更好地辨识出此股的趋势运行状态。

在上升趋势中，价格走势往往会出现回调或盘整走势，此时的 PBX 就由原来的多头排列形态转变为黏合形态，但这种排列形态的转变并不会破坏上升趋势。对于中长线投资者来说，仍应持股待涨。

图 6-38 为江铃汽车（000550）2008 年 11 月 11 日至 2009 年 12 月 17 日期间走势，此股在上升途中出现了一段时间的盘整走势，这使得其 PBX 由原来鲜明的向上发散多头排列形态转变为黏合形态，但这并不会破坏此股的上升趋势，对于中长线投资者来说，仍应持股待涨。

图 6-37　北方国际上升趋势中 PBX 多头排列形态

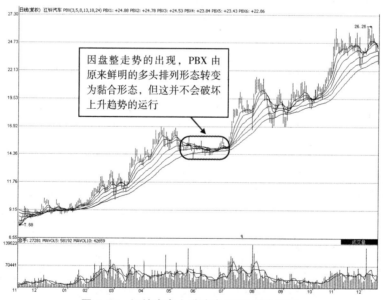

因盘整走势的出现，PBX 由原来鲜明的多头排列形态转变为黏合形态，但这并不会破坏上升趋势的运行

图 6-38　江铃汽车上升途中 PBX 黏合形态

图 6-39 为潍柴动力（000338）2008 年 11 月 27 日至 2009 年 11 月 30 日期间走势，如图所示，此股在上升途中出现了 PBX 黏合形态。这种黏合形态仅仅是对个股途中盘整走势的反映，并不意味着升势的见顶，此时，股民

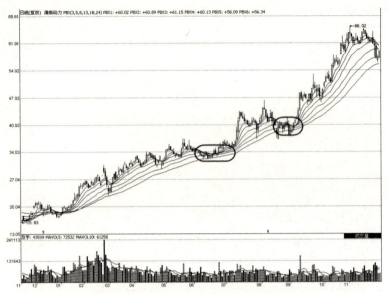

图 6-39　潍柴动力上升途中 PBX 黏合形态

仍应依据原有的多头排列形态进行持股待涨的操作。

2. 空头形态与下跌趋势

当价格走势处于下跌趋势中时，PBX 的六条均线会呈现出鲜明的向下发散的空头排列形态。一般来说，下跌途中的盘整走势及反弹走势并不会明显地破坏这种空头排列形态，只要这种空头排列形态仍能保持良好，则下跌趋势就将持续下去，这就是 PBX 指标线形态对下跌趋势的直观反映。

图 6-40 为中航重机（600765）2013 年 5 月到 2014 年 7 月期间的价格走势。如图所示，此股在此期间处于下跌趋势中，而 PBX 指标正是通过其鲜明的向下发散空头排列形态反映了这一趋势运行状态。可以看到，此股在下跌途中出现了一段时间的盘整走势，但这种盘整走势并没有明显地破坏原有的 PBX 空头排列形态。

图 6-41 为平煤股份（601666）2008 年 4 月 30 日至 12 月 3 日期间走势，此股在高位区呈现出 PBX 的空头排列形态，这就意味着个股下跌趋势已经展开，这是股民进行逢高出局的卖股时机。

图 6-42 为悦达投资（600805）2013 年 10 月到 2014 年 6 月走势图。如图所示，此股由高位区步入跌途后，其 PBX 的排列形态就呈现出鲜明的空头排列，这正是 PBX 对此股下跌趋势的直观反映。

图 6-40 中航重机下跌趋势中 PBX 空头形态

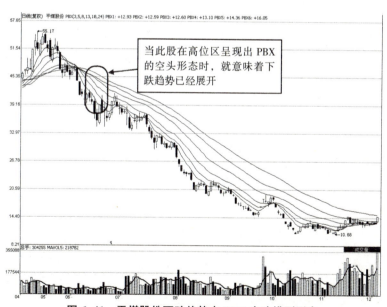

当此股在高位区呈现出 PBX 的空头形态时，就意味着下跌趋势已经展开

图 6-41 平煤股份下跌趋势中 PBX 空头排列形态

　　在下跌趋势中，价格走势往往会出现反弹走势或是盘整走势，此时的 PBX 会由原来的鲜明空头排列形态转变为黏合形态，但这种排列形态的转变并不会破坏下跌趋势，对于中长线投资者来说，仍应持币观望。

图 6-42　悦达投资下跌趋势中 PBX 空头形态

图 6-43 为华意压缩（000404）2007 年 12 月 26 日至 2008 年 11 月 7 日期间走势，如图所示，此股在下跌途中出现的反弹走势使得其 PBX 由原来鲜明的向下发散空头排列形态转变为黏合形态，但这并不会破坏此股的下跌

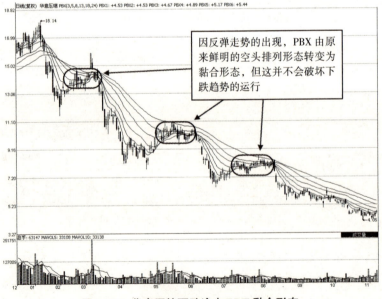

因反弹走势的出现，PBX 由原来鲜明的空头排列形态转变为黏合形态，但这并不会破坏下跌趋势的运行

图 6-43　华意压缩下跌途中 PBX 黏合形态

趋势，对于中长线投资者来说，仍应持币观望。

图 6-44 为沈阳机床（000410）2008 年 2 月 28 日至 2008 年 11 月 10 日期间走势，如图所示，此股在下跌途中出现了 PBX 黏合形态，这种黏合形态仅仅是对个股途中盘整走势的反映，并不意味着跌势的见底，此时仍应依据原有的空头排列形态进行持币观望的操作。

图 6-44　沈阳机床下跌途中 PBX 黏合形态

第七章 在升势转跌势时及时卖出离场

对于中长线投资者来说，把握升势的顶部及跌势的底部至关重要。中长线投资者的主要策略就是在尽可能接近底部区的位置买入股票，并在尽可能接近顶部区的位置卖出股票，从而达到分享牛市利润、规避熊市风险的目的。对于短线投资者来说，把握趋势的反转位置也同样至关重要，因为这直接决定了投资者如何设立止盈点与止损点，也直接决定其短线操作方式。

第一节 运用移动平均线识别顶部区

当股市或个股进入到趋势反转阶段时，此时的均线排列形态会出现明显的变化，通过均线形态的变化及同期的价格走势，股民就可以很好地把握一轮升势的顶部区及一轮跌势的底部区。

当股市或个股持续上涨后，买盘资金的枯竭导致股价进入顶部区，此时，多方无力再度上攻而空方抛压又没有集中涌出。因而，价格走势就会呈现出滞涨形态，均线形态也会随之改变。

此时的短期均线 MA5 往往经常性地运行于中期均线 MA30 下方，这使得均线系统由原来的多头排列形态转变为横向缠绕形态。这时，股民可以看到代表着中长期市场平均持仓成本的 MA60 开始走平且有向下运行的迹象，这是空方抛压逐步加重而多方承接力度越来越弱的表现，也是空方力量开始逐步占据主导地位的表现。通过均线形态的变化，股民可以及时地了解到价格走势已进入顶部区。

图 7-1 为 *ST 明科（600091）2009 年 1 月 6 日至 2010 年 5 月 5 日期间走势，如图所示，此股在持续上涨后的高位区出现了横盘滞涨走势，这时的 MA60 开始走平且有向下运行迹象，同期的均线呈横向缠绕形态且 MA5 经常性地运行于 MA30 下方，这是升势见顶的信号。

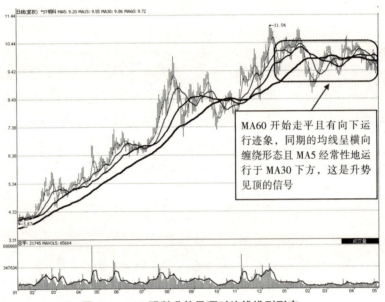

图 7-1 *ST 明科升势见顶时均线排列形态

图 7-2 为开创国际（600097）2008 年 12 月 9 日至 2010 年 1 月 28 日期间走势，如图所示，此股在持续上涨后的高位区均线由多头排列形态转变为横向缠绕形态，且 MA60 开始走平下移，这是多方无力再度推升价格、个股升势见顶的信号，也是股民卖股离场的信号。

图 7-3 为常宝股份（002478）2014 年 6 月到 2015 年 2 月走势。如图所示，此股在高位区出现震荡滞涨走势，同期的均线形态预示着这是一个中期顶部区，通过均线形态的变化，股民可以及时地把握此股即将出现的趋势反转，从而在第一时间实施卖股离场的操作。

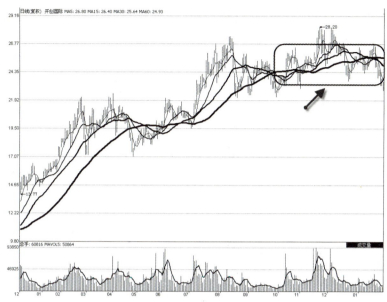

图7-2 开创国际升势见顶时均线排列形态

图7-3 常宝股份升势见顶时均线排列形态

图7-4为中兴通讯（000063）2008年12月31日至2010年4月22日期间走势，如图所示，当此股经历了持续上涨后，于高位区出现了MA60走平向下且均线呈横向缠绕的形态，这与之前上升趋势中的均线多头排列形态完

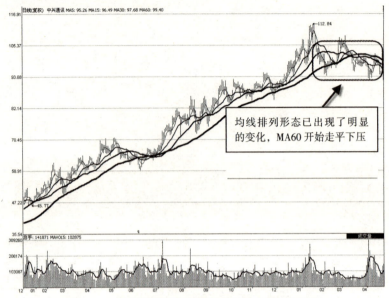

图 7-4　中兴通讯持续上涨后高位区均线形态变化

全不同。如图所示，此股的前期累计涨幅巨大，当前所处的区间是一个明显高估的区间，仅从估值状态上来看，对此股展开卖出操作较为明智，而展开买入操作则风险较大，但在实盘操作中，还应充分考虑多空双方力量对比情况，因为个股的涨跌毕竟是由多方推动或空方打压所致。而均线排列形态的改变说明空方开始逐步占据主动，通过以上几点综合分析，我们可以认为这是个股顶部区出现的标志。因而，此时是中长线投资者卖股离场的绝佳时机。图 7-5 显示了此股后期走势情况。

图 7-5　中兴通讯高位区 MA60 走平向下形态后走势

第二节　运用 MACD 识别顶部区

1. 指标线开始转入零轴下方与顶部区

当股市或个股在高位区出现滞涨走势时，若同期的 MACD 指标线（即 DIFF 线与 DEA 线）由原来稳健运行于零轴上方转而变为向下跌至零轴下方且在较长时间内停留在零轴下方，则预示着空方开始逐步占据市场主导地位，这是升势见顶的信号。

图 7-6 为长城电脑（000066）2009 年 2 月 27 日至 2010 年 6 月 23 日期间走势，在此股持续上涨的上升趋势中，可以看到 MACD 指标线始终稳健地运行于零轴上方。但是随着高位区滞涨走势的出现，MACD 指标线开始向下跌破零轴且在较长时间内运行于零轴下方，这是个股升势见顶的标志，也是股民应及时卖股离场的信号。

图 7-7 为华意压缩（000404）2009 年 2 月至 2010 年 8 月期间走势，如图所示，此股在经历了长期上涨后，于高位区出现长时间的震荡滞涨走势，

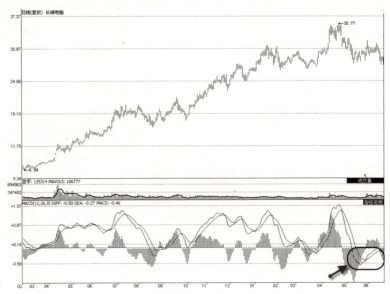

图 7-6　长城电脑顶部区 MACD 指标形态

图 7-7　华意压缩顶部区 MACD 指标形态

同期的 MACD 指标也开始持续运行于零轴下方，这是空方力量开始逐步占据市场主导地位的体现，也是个股顶部区逐步形成的标志。

　　图 7-8 为同洲电子（002052）2013 年 2 月到 2014 年 5 月期间走势。如图所示，此股在高位区出现了 MACD 指标线向下跌破零轴且长时间运行于零

图 7-8　同洲电子顶部区域 MACD 反转形态

轴下方的形态，这是个股进入顶部区的标志，也是股民卖股离场的时机。

2. 顶背离形态与顶部区

顶背离形态是一种常见的顶部反转形态，它是指在价格持续上涨后的高位区，虽然此股的价格仍然逐波走高，但是同期的 MACD 指标线却逐波走低，即两者呈现出背离形态。顶背离形态的出现多预示着多方力量的逐步减弱、空方力量的逐渐增强，当它出现在持续上涨后的高位区时，是顶部即将出现的标志，此时，股民应做好逃顶准备。

图 7-9 为渤海轮渡（603167）2014 年 4 月至 11 月期间走势。如图所示，此股在持续上涨后的高位区出现了价格一峰高于一峰而 MACD 指标线却一波低于一波的顶背离形态。这种形态的出现说明个股升势即将见顶，是应做好卖股离场准备的信号。图 7-10 为该股在 2014 年 7 月至 2015 年 2 月期间走势。

图 7-11 为苏常柴 A（000570）2009 年 3 月 30 日至 11 月 26 日期间走势，如图所示，此股在持续上涨后的高位区出现了顶背离形态，这预示着个股升势即将结束，是顶部区即将出现的标志。图 7-12 显示了该股在这一高位区顶背离形态后的走势情况。

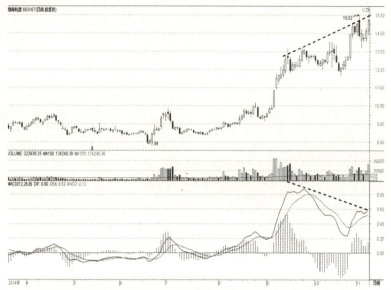

图 7-9　渤海轮渡高位区域 MACD 顶背离形态（2014 年 4 月至 2014 年 11 月）

图 7-10　渤海轮渡高位区域 MACD 顶背离形态（2014 年 7 月至 2015 年 2 月）

　　图 7-13 为青海明胶（000606）2008 年 9 月至 2010 年 8 月期间走势，如图所示，此股在长期上涨之后的高位区出现了 MACD 指标顶背离形态，这说明个股升势已是强弩之末，是升势见顶的标志。此时，股民应逢高减仓或逢高出货，以最大限度地保住牛市的利润。

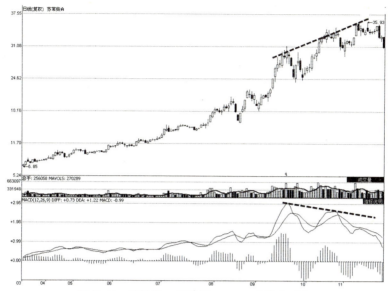

图 7-11　苏常柴 A 高位区 MACD 顶背离形态

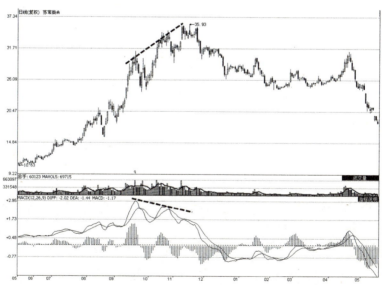

图 7-12　苏常柴 A 高位区 MACD 顶背离形态后走势

图 7-13　青海明胶高位区 MACD 顶背离形态

第三节　运用趋势线识别顶部区

随着价格走势的不断上涨，市场的抛压就会越来越强，而多方的上推力量则会越来越弱。上升趋势线是一条向上倾斜的直线，它代表着支撑点位不断上移，但多空双方力量于高位区的转变使得"支撑点位不断上移"这种情况不可能再继续下去。

当股市或个股经持续上涨而进入高位区后，若出现向下跌破上升趋势线且在较长时间内无法再度站稳于上升趋势线上方的形态，则说明空方抛压不断增强而多方无力再度推升价格上涨，这是顶部区出现的标志。

图 7-14 为勤上光电（002638）2014 年 3 月至 11 月期间走势。图中标示出了此股的上升趋势线。如图所示，此股在持续上涨至高位区后，开始向下跌破上升趋势线并且在较长的时间内运行于趋势线下方，这是市场抛压开始增强而多方无力推升的表现，是个股进入顶部区的标志。

图 7-15 为 *ST 思达（600670）2008 年 8 月至 2010 年 3 月期间走势，

图 7-14　勤上光电顶部区上升趋势线形态

如图所示，此股在经过长期上涨之后，于高位区出现震荡滞涨走势，且价格走势向下跌破上升趋势线并在较长时间停留在上升趋势线下方，这是个股升势见顶的信号，此时，股民应实施逢高卖股的操作以保住利润。

图 7-15　*ST 思达顶部区上升趋势线形态

图 7-16 为山东海龙（000677）2008 年 9 月至 2010 年 4 月期间走势，如图所示，此股经历了长时间上涨后，于高位区向下跌破上升趋势线，且在随后较长时间内无法再度站稳于上升趋势线上方，这说明空方已开始占据市场主导地位，是个股进入顶部区的标志。

图 7-16　山东海龙顶部区上升趋势线形态

此外，当个股进入顶部区后，原来的上升趋势线就会由具有支撑作用转化为具有阻挡作用，下面就来看看这个转变过程。

在多方无力推升价格、空方打压又越来越强的状况下，原有的上升趋势线就会被跌破，而当价格再度向上反弹至这一趋势线附近时，由于受到逢高抛售盘的打压，原有的上升趋势线位置就变成一个阻力位。这就是上升趋势线由原来的支撑作用转变成为阻力作用的过程。图 7-17 显示了这一转换过程，如图所示，当原有的趋势线对价格反转走势构成阻力之后，一条新的、坡度较缓的上升趋势线就会再次对价格起到支撑作用，而后在抛压的不断涌出下，这条新的趋势线也会被跌破，并对随后的价格反弹上涨起到阻挡作用。

图 7-18 为 ST 合金（000633）2007 年 5 月 31 日至 2008 年 4 月 9 日期间走势，图中显示了此股的上升趋势线是如何由原来具有支撑作用转换为具

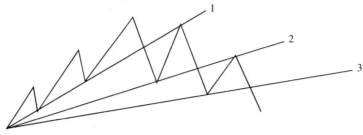

图7-17　上升趋势线支撑位转换为阻力位

有阻力作用的过程，这个过程也可以说是空方抛压不断增强、多方力量不断减弱的过程。

图7-18　ST合金上升趋势线支撑位转阻力位

第四节　运用顶部K线形态识别顶部区

技术分析领域有三大假设，其中第三条假设为"历史往往会重演"，它指出：相似的价格运行形态往往会演变出相似的后期走势。考察股市及个股的走势，可以看到在典型的位置区间（如顶部区或底部区）往往会有一些相似的K线组合形态出现，而这些形态也确实准确地反映了股市及个股所处的位置区间。因而，通过分析这些经典的形态，股民就可以更好、更及时地把握住顶部区及底部区的出现了。这里我们将讲解经典的顶部K线组合形态。

1. V形顶

V形顶是一种转势极快的顶部反转形态，它多出现在巨幅累计上涨后的高位区，由高位区的一波快速拔高走势引发，是空方抛压急速涌出的表现形态，也是多方力量无力承接的表现。

识别V形顶形态的重要一点是价格的累计涨幅及短期跌幅，对于累计涨幅来说，只有在持续大涨后的高位区所出现的快速反转下跌走势才是准确可靠的V形反转；对于短期跌幅来说，V形顶形态的短期涨势迅急、短期跌幅巨大，且能快速吞噬此前出现的一波拔高上涨走势。

图7-19为苏宁电器（002024）2013年7月到2014年10月期间走势。如图所示，此股在持续上涨后的高位区又出现了一波快速上涨走势，但这一上涨走势却引发了此股随后的急速下跌，从而形成了V形反转形态，这是市场空方抛压大幅增强的标志，也是多空双方力量对比快速转变的信号，预示着顶部区的出现。

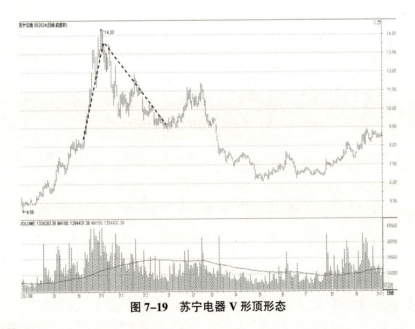

图 7-19　苏宁电器 V 形顶形态

图 7-20 为韶钢松山（000717）2008 年 9 月至 2010 年 4 月期间走势，如图所示，此股高位区间的一波快速、巨大的上涨走势引发了 V 形反转形态出现。在实盘操作中，由于 V 形顶转势较快，若不能在这一形态形成之初卖股离场，则可以在 V 形顶完全形成后，借助于反弹上涨之机逢高卖股。虽然此时无法在个股的最高点位卖出股票，但却可以最大限度地保住牛市利润，不失为一种平衡风险与收益的最佳方案。

图 7-20 韶钢松山 V 形顶形态

2. 圆弧顶

圆弧顶，顾名思义，形似圆弧，当这种 K 线组合形态出现在持续上涨后的高位区时，它是多方力量逐步减弱而空方力量缓慢增强的标志，圆弧顶是一种过渡相对缓慢的转势形态，它清晰地勾勒出了多空双方力量的转变情况，是股民把握顶部出现的重要形态之一。

图 7-21 为京能置业（600791）2008 年 10 月 10 日至 2009 年 8 月 14 日期间走势，此股在长期上涨后，于高位区出现了一个反映价格上涨无力的圆弧顶形态。这是多方力量开始缓慢趋弱而空方抛压逐步增强的表现，当它出现高位区时，多预示着多空双方力量对比已转变，是升势见顶的信号。

图 7-21　京能置业圆弧顶形态

3. 双重顶与三重顶

双重顶也称为 M 顶，它是一种股价二次探顶的形态。一般来说，M 顶形态左侧的一波上涨走势多属于高位区的拔高走势，此时股民很可能会看到诸如"量价背离"等预示趋势转向的反转信号，而右侧的一波上涨则多源于主力资金为谋取好的出货价格而展开的一波拉升，由于此时的拉升完全是为了在相对高位区出货，因而价格走势是难以突破上行的。

图 7-22 为华映科技（000536）2012 年 9 月到 2014 年 2 月期间走势，如图所示，此股在长期大幅上涨后的高位区出现了宽幅震荡的 M 形走势，M 形走势的出现使得此股的上升形态被彻底打破，这是市场空方抛压开始明显增强且开始占据一定主动的表现，是多空双方力量对比发生转变的标志，预示着顶部区的出现。

一般来说，M 顶形态越开阔、持续时间越长、个股的前期累计涨幅越大，则它所预示的顶部出现信号就越准确。在实盘操作中，价格走势的二次探顶及破位下行是两个较为明确的卖出时机。那么，股民应如何把握这两个卖出时机呢？

对于二次探顶的卖出时机，股民可以从此股前期所出现的趋势反转信号及之前的大幅下跌走势来提前预知顶部的出现，从而选择逢高离场操作。

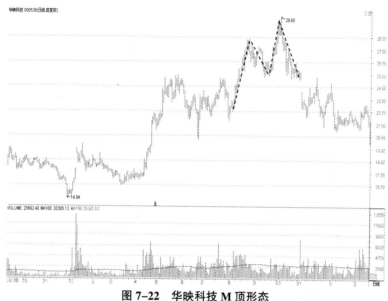

图 7-22　华映科技 M 顶形态

对于破位下行的卖出时机，由于此时的 M 顶形态已完全构筑完毕，因而，它可准确地预示出下跌趋势即将出现。而且，从中长线的角度来看，个股仍然处于顶部的位置区，后期仍有较大的下跌空间，此时卖出股票能较好地保留住牛市的利润。

图 7-23 为深天健（000090）2009 年 2 月 12 日至 2010 年 5 月 28 日期间走势，如图所示，此股在持续大涨后的高位区出现了形态宽阔的 M 顶形态，这一形态准确地预示了此股正处于顶部构筑走势中，这是指导中长线投资者选择卖股离场操作的明确信号。

与双重顶形态较为相似的是三重顶形态，相对于双重顶形态来说，三重顶仅仅是比双重顶形态多了一次探顶走势，三重顶形态同样也是个股进入顶部区的典型形态。

图 7-24 为天伦置业（000711）2008 年 8 月至 2010 年 7 月期间走势，如图所示，此股在持续上涨后的高位区出现了三次探顶的三重顶形态，这是个股升势见顶的标志，也是中长线投资者卖股离场的信号。

4. 头肩顶

头肩顶形态是一种最为重要的顶部反转信号，它的出现频率较高，它由左右两个次高点（左肩和右肩）及中间一个最高点（头部）组合而成，是一

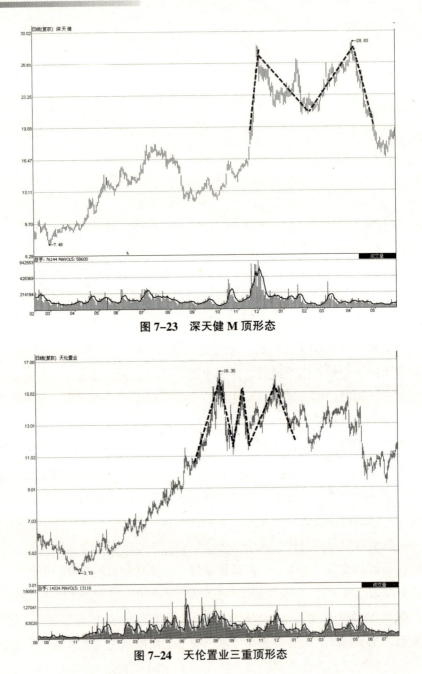

图 7-23　深天健 M 顶形态

图 7-24　天伦置业三重顶形态

种顶部区的宽幅震荡形态。一般来说，头肩顶形态是中长线主力大规模离场的信号，当然也是趋势反转的可靠信号。图 7-25 为标准的头肩顶形态。

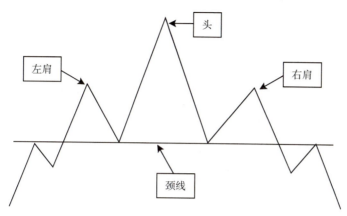

图 7-25　标准头肩顶形态

　　头肩顶形态清晰、完整地勾勒出了多空双方的力量转变情况。首先是升势末期的最后一波上涨形成头部，伴随着这一波涨势而来的往往还有趋势反转信号，随后空方力量增强，买盘资金无力跟上，市场抛压大幅度打压价格，这些使得原有的上升形态被彻底破坏，空方开始占据一定的主动。随后的一波无力反弹上涨走势仅仅是之前大幅回调下跌的一种修正，它并没有引发多方的再度强力上攻。在此情形下，越来越多的持股者就会有卖股离场的意愿，从而引发了右肩处的再度下跌及随后向下跌破颈线的走势。由此，一个完整的头肩顶形态构筑完毕，而空方此时已完全占据了主导地位，下跌趋势即将展开。

　　图 7-26 为大亚科技（000910）2009 年 4 月 2 日至 2010 年 4 月 16 日期间走势，如图所示，此股在持续上涨后的高位区出现了较长时间的宽幅震荡走势，且这种宽幅震荡走势形成了一个高位区的头肩顶形态。高位区头肩顶形态的构筑过程也就是空方力量逐渐转强、多方力量逐渐转弱的过程，是上升趋势进入顶部区的表现，也是中长线投资者选择卖股离场操作的信号。

　　图 7-27 为一汽夏利（000927）2009 年 3 月 3 日至 2010 年 4 月 14 日期间走势，如图所示，此股在长期上涨后的高位区出现了一个头肩顶形态。头肩顶形态是价格走势滞涨的表现，它出现在大幅上涨后的高位区就是升势见顶的明确信号。

　　在应用头肩顶形态展开实盘买卖时，这一形态为股民提供了两个较好的卖点。第一个卖点出现在右肩处。此时，基于之前形成头部的一波上涨及下

图 7-26　大亚科技头肩顶形态

图 7-27　一汽夏利头肩顶形态

跌走势，往往可以看到趋势见顶的明确信号（如量价背离、无量上冲、过高的估值状态等）。因而，当股价无力反弹至右肩处时，股民可以较为准确地判断出个股难以突破上行的这一情况，从而选择在此点位处卖出股票。第二个卖点出现在价格走势向下跌破颈线处。此时卖出虽然无法实现利润最大化，但由于头肩顶形态已完全形成，而这一完整的头肩顶形态可以准确地预示一轮跌势即将展开，从中长线的角度来看，颈线位置仍是一个较高的位置区间，市场后期的下跌空间仍然巨大，此时卖出，可以让股民尽可能保存牛市的利润。

　　图 7-28 为金花股份（600080）2014 年 4 月到 2014 年 11 月期间头肩顶形态。如图所示，此股在长期上涨之后，于高位区出现了宽幅震荡的头肩顶形态。一般来说，头肩顶形态越开阔则其所预示的顶部反转信号就越准确，此股的这一头肩顶形态出现在持续上涨后的高位区，此时的个股处于明显的高估状态，通过头肩顶形态的构筑，可以清晰地看到多空双方力量对比格局已于顶部区出现转变。因而，股民可以准确地判断出个股随后即将展开的下跌走势。图 7-29 为金花股份在 2014 年 4 月到 2015 年 2 月期间走势。

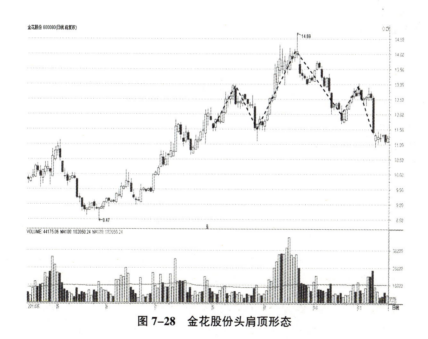

图 7-28　金花股份头肩顶形态

图 7-29　金花股份头肩顶形态构筑完成后走势

第五节　运用涨跌比率指标识别顶部区

ADR 指标线转跌至数值 1 轴下方与顶部区：

当股市处于上升趋势中时，ADR 指标线会稳健地运行于数值 1 上方。当股市经历了持续上涨而步入顶部区后，ADR 指标线就会开始向下靠近直至跌破数值 1 的位置且在较长时间内运行于数值 1 的下方，这说明市场的多方力量处于弱势状态，而空方力量逐步占据了强势地位，这是市场多空双方力量发生总体性转变的标志，也是市场进入顶部区的明确信号。

图 7-30 为上证指数 2007 年 1 月 10 日至 12 月 6 日期间走势，在 ADR 指标窗口中，用虚线标示了数值 1 所在的位置。如图所示，股市在经历了长期的上涨之后，于大幅上涨后的高位区出现了震荡滞涨的走势，同期的 ADR 指标线也不再稳健、挺拔有力地运行于数值 1 的上方，而是开始向下靠近数值 1 且在较长时间内运行于数值 1 的下方，这是市场多空双方总体力量对比格局悄然转变的信号，也是股市进入顶部区的明确信号。对于中长线投资者

来说，此时就应选择逢高卖股的操作。

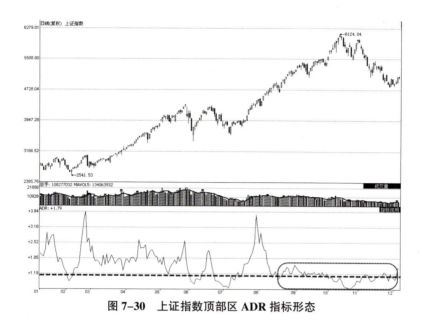

图 7-30　上证指数顶部区 ADR 指标形态

第六节　运用瀑布线识别顶部区

高位盘整中的空头形态与顶部区：

在上升趋势中，瀑布线会呈现出鲜明的向上发散多头排列形态，这是多方力量完全占据主导地位的体现。随着股价持续上涨，当股市或个股进入顶部区后，瀑布线的排列形态也会随之改变。若价格走势经高位区的震荡而于盘整走势中出现空头排列形态时，多意味着多方已无力再度上攻，而空方抛压则正在逐步增强，这是顶部区出现的标志，也是股民应卖股离场的信号。

图 7-31 为大冷股份（000530）2013 年 9 月到 2014 年 4 月期间走势。如图所示，此股在经历了持续上涨后，于高位区出现了较长时间的盘整震荡走势，随着盘整走势的持续，原有的上升形态已被彻底打破，而且此股还在盘整震荡的过程中出现了瀑布线的空头排列形态（图中箭头标注），这说明随

图 7-31　大冷股份顶部区 PBX 形态

着盘整走势的持续，空方已经开始占据了主动，因而是顶部区出现的标志。

　　图 7-32 为 *ST 玉源（000408）2009 年 3 月 31 日至 2010 年 1 月 6 日期间走势，如图所示，此股在高位区出现了反复震荡的走势。随着震荡走势的持续，此股不仅无力再度突破上行而且出现了空头排列形态（图中箭头标

图 7-32　*ST 玉源顶部区 PBX 形态

注)，这预示着多空双方力量对比格局已然发生转变，是升势见顶的明确信号，也是中长线投资者卖股离场的信号。

　　图 7-33 为湖北宜化（000422）2009 年 5 月 7 日至 2010 年 5 月 5 日期间走势，此股在持续上涨后，于高位区出现了较长时间的盘整震荡走势，并且于盘整震荡过程中现出了 PBX 的空头排列形态，这说明空方力量已开始占据主动，是上升趋势结束、顶部出现的信号。

图 7-33　湖北宜化顶部区 PBX 形态

　　图 7-34 为徐工机械（000425）2009 年 2 月 10 日至 2010 年 9 月 1 日期间走势，此股在高位震荡滞涨区出现了 PBX 空头排列形态，这是空方开始占据主动的表现，也是个股走势进入顶部区的标志。

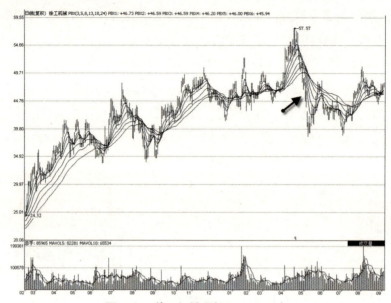

图 7-34　徐工机械顶部区 PBX 形态

第八章　在跌势转升势时
及时买入布局

第一节　运用移动平均线识别底部区

MA60 企稳上翘及均线缠绕形态与底部区：

当股市或个股持续下跌后，空方力量得到了较为充分的释放，从而使得空方不再占据主导地位，价格走势就会进入到底部区。此时，空方无力再度打压，而多方力量又难以在短时间内汇聚起来。因而，价格走势就会呈现止跌企稳，均线形态也会随之发生改变。

此时的短期均线 MA5 往往经常性地运行于中期均线 MA30 上方，这使得均线系统从原来的空头排列形态转而变成横向缠绕形态。这时，股民可以看到代表着中长期市场平均持仓成本的 MA60 开始走平，且有向上运行的迹象，这是多方力量逐步增强而空方抛压逐步减弱的表现。通过均线形态的变化，股民可以及时地了解到价格走势已进入底部区。

图 8-1 为浙江东方（600120）2008 年 3 月 26 日至 2009 年 2 月 6 日期间走势，如图所示，此股在持续下跌后的低位区出现了止跌企稳回升的走势，这时的 MA60 开始走平且有向上运行的迹象，同期的均线呈横向缠绕形态，且 MA5 经常性地运行于 MA30 上方，这是跌势见底的信号。

图 8-2 为郑州煤电（600121）2008 年 7 月 28 日至 2009 年 2 月 5 日期间走势，如图所示，此股在持续下跌后的低位区出现了均线由空头排列形态转变为横向缠绕且 MA60 开始走平上翘的形态，这是空方无力再度打压价格而

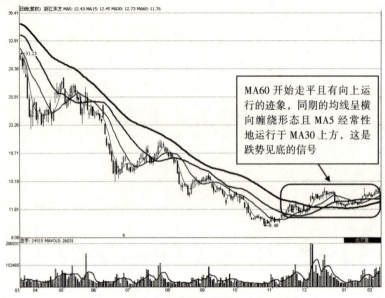

MA60 开始走平且有向上运行的迹象，同期的均线呈横向缠绕形态且 MA5 经常性地运行于 MA30 上方，这是跌势见底的信号

图 8-1　浙江东方跌势见底时均线排列形态

图 8-2　郑州煤电跌势见底时均线排列形态

个股跌势见底的信号，也是股民应买股布局的信号。

图 8-3 为华丽家族（600503）2013 年 5 月到 2014 年 7 月期间走势，此股在低位区出现止跌企稳回升的走势，同期的均线排列形态也出现了明显的

变化，这时的均线排列形态预示着一个中期底部区正在构筑中。通过均线形态的变化，股民可以及时地把握住此股即将出现的趋势反转，从而在第一时间实施买股布局的操作。

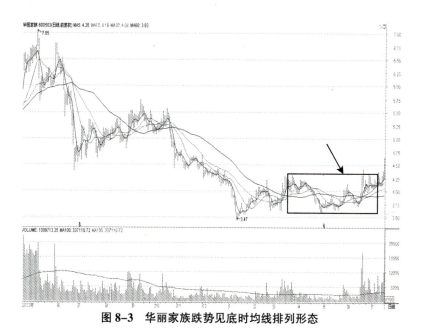

图 8-3　华丽家族跌势见底时均线排列形态

图 8-4 为维科精华（600152）2008 年 3 月 14 日至 2009 年 1 月 22 日期间走势，当此股经历了持续下跌后，于低位区出现了较长时间的止跌走势，此时的均线形态出现了明显的变化，即由原来向下发散的空头排列形态转变为横向缠绕形态，且有形成多头排列形态的倾向。此时，是否是股民进行中长线买股布局的时机呢？

答案是肯定的。因为此股前期的累计跌幅巨大，且当前正处于历史上的相对低估状态，而均线排列形态的改变说明多方开始逐步占据主动。经以上几点综合分析，我们认为这是个股底部区出现的标志。由于当前盘整走势所处的价位从中长线的角度来看仍在一个极低的价位区间，因而，此时是股民中长线买股布局的绝佳时机。图 8-5 显示了此股后期走势情况。

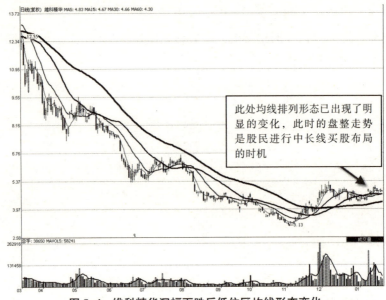

此处均线排列形态已出现了明显的变化，此时的盘整走势是股民进行中长线买股布局的时机

图 8-4　维科精华深幅下跌后低位区均线形态变化

图 8-5　维科精华低位区均线缠绕形态后走势

第二节 运用 MACD 识别底部区

1. 指标线开始转升零轴上方与底部区

当股市或个股在低位区出现企稳走势时，若同期的 MACD 指标线由原来的持续运行于零轴下方转而变为向上突破至零轴上方且在较长时间内站稳于零轴上方，则预示着多方开始逐步占据市场主导地位，这是跌势见底的信号。

图 8-6 为亚泰集团（600881）2013 年 2 月到 2014 年 9 月期间走势。在此股步入下跌通道后，可以看到 MACD 指标线持续地运行于零轴下方。但是随着低位区止跌企稳走势的出现，如图所示，MACD 指标线开始向上突破零轴且在较长时间内站稳于零轴上方，这是个股跌势见底的标志，也是股民应及时买股布局的信号。

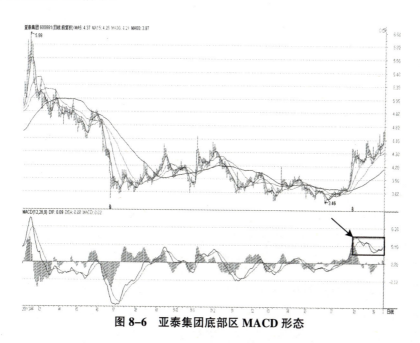

图 8-6 亚泰集团底部区 MACD 形态

图 8-7 为银河动力（000519）2008 年 4 月 22 日至 2009 年 1 月 8 日期间

走势，如图所示，此股在经历了长期下跌后，于低位区出现长时间的止跌企稳走势，同期的 MACD 指标也开始站稳于零轴上方，这是多方力量开始逐步占据市场主导地位的体现，也是个股底部区正在形成的标志。如果同时考虑到此股当前正处于历史低估状态，则此时股民更应进行积极的买股布局操作。

图 8-7　银河动力底部区 MACD 指标形态

图 8-8 为大冷股份（000530）2008 年 4 月 15 日至 2009 年 1 月 19 日期间走势，此股在低位区的止跌企稳走势中出现了 MACD 指标线向上突破零轴且长时间站稳于零轴上方的形态，这是个股进入底部区的标志，也是我们应买股布局的时机。

2. 底背离形态与底部区

底背离形态是一种常见的底部反转形态，它出现在价格持续下跌后的低位区，虽然此时的价格仍然在逐波走低，但是同期的 MACD 指标线却是逐波走高，即两者呈现出背离形态。底背离形态的出现多预示着空方力量的逐步减弱、多方力量的逐渐增强，当它出现在持续下跌后的低位区时，是底部即将出现的标志，此时，股民应做好抄底准备。

图 8-9 为同力水泥（000885）2012 年 3 月到 2014 年 7 月期间走势，

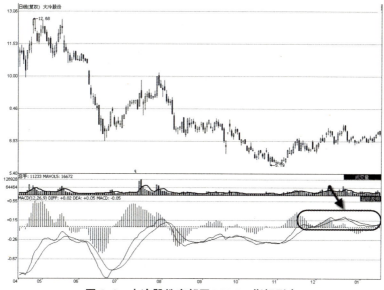

图 8-8　大冷股份底部区 MACD 指标形态

如图所示，此股在持续下跌后的低位区出现了价格震荡走低而 MACD 指标线却逐步攀升的形态，这种形态的出现说明个股跌势即将见底，股民随后应做好抄底入场的准备。图 8-10 为同力水泥在 2011 年 10 月到 2015 年 5 月期间走势。

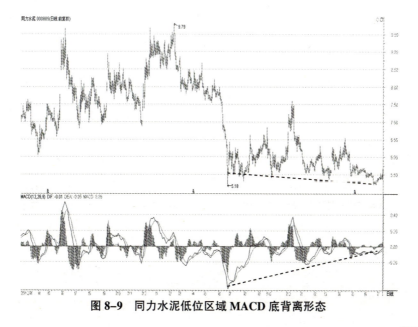

图 8-9　同力水泥低位区域 MACD 底背离形态

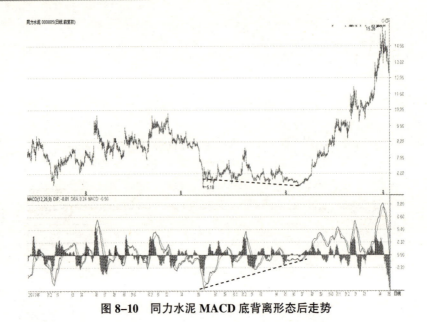

图 8-10　同力水泥 MACD 底背离形态后走势

图 8-11 为天茂集团（000627）2008 年 5 月 22 日至 12 月 5 日期间走势，如图所示，此股在持续下跌后的低位区出现了形态鲜明的底背离形态，这种形态较为准确地预示了即将到来的底部区间，若个股随后出现止跌企稳走势，再结合这一底背离形态，就可以准确地判断出底部区的出现。

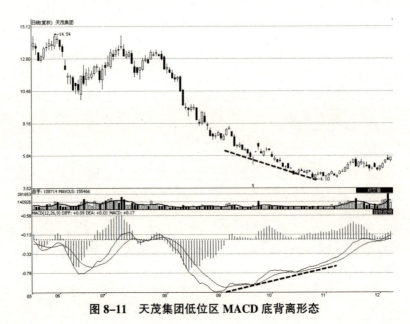

图 8-11　天茂集团低位区 MACD 底背离形态

　　图 8-12 为三木集团（000632）2008 年 3 月 12 日至 11 月 20 日期间走势，如图所示，此股在长期下跌之后的低位区出现了 MACD 指标底背离形态，这说明个股跌势已到尽头，是跌势见底的标志。此时，股民应关注其随后出现的止跌企稳走势，因为，随后的止跌企稳准确地代表了底部区的出现，是中长线投资者买股布局的时机。

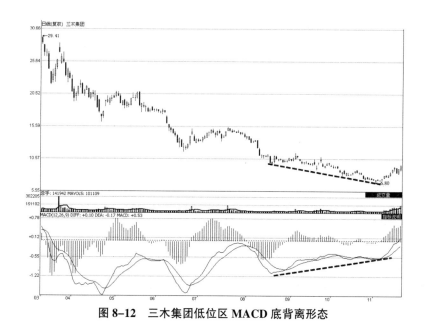

图 8-12　三木集团低位区 MACD 底背离形态

第三节　运用趋势线识别底部区

　　随着股价不断下跌，市场的抛压就会越来越弱，而多方的承接力量则会越来越强。下降趋势线是一条向下倾斜的直线，它代表着阻力点位不断下移，但多空双方力量于低位区的转变使得"阻力点位不断下移"这种情况不可能再继续下去。

　　当股市或个股经持续下跌而进入低位区后，若出现向上突破下降趋势线且在较长时间内站稳于下降趋势线上方的形态，则说明多方力量已开始占据主导地位，空方抛压则大幅减轻，这是底部区出现的标志。

　　图8-13为重庆港九（600279）2011年10月到2013年11月期间价格走势。图中标示出了此股的下降趋势线。如图所示，此股在持续下跌至低位区后，开始向上突破下降趋势线，并且在较长的时间内站稳于趋势线上方，这是多方力量开始占据主动的表现，也是市场买盘资金开始加速入场的标志，预示着底部区的出现。

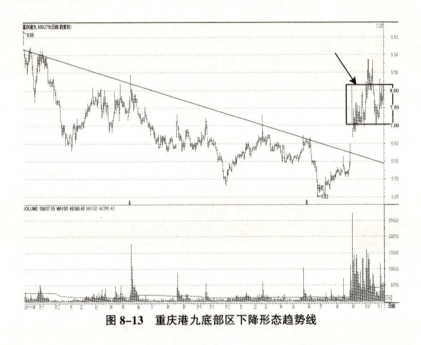

图8-13　重庆港九底部区下降形态趋势线

　　图8-14为襄阳轴承（000678）2007年12月至2009年1月期间走势，如图所示，此股在长期下跌之后，于低位区出现止跌企稳走势，同期的价格开始向上突破下降趋势线，并在较长时间内站稳于这一趋势线的上方。这是个股跌势见底的信号，此时，股民应实施逢低布局的买股操作。

　　图8-15为模塑科技（000700）2008年3月20日至2009年2月2日期间走势，如图所示，此股经历了长时间下跌后，于低位区向上突破下降趋势线，且在随后较长时间内站稳于下降趋势线上方，这说明多方已开始占据市场主导地位，这是个股进入底部区的标志。

　　此外，当个股进入底部区后，原来的下降趋势线就会由阻挡作用转化为支撑作用，下面就来看看这个转变过程：

图 8-14 襄阳轴承底部区下降趋势线形态

图 8-15 模塑科技底部区下降趋势线形态

在空方无力继续打压价格、多方承接力量又开始不断增强的状态下，原有的下降趋势线就会被突破，而当价格再度向下回落至这一趋势线附近时，由于大量买盘的逢低介入，就会使原有的下降趋势线位置变成一个支撑位。

这就是下降趋势线由原来的阻挡作用转变成为支撑作用的过程。图 8-16 标示了这一转换过程，如图所示，当原有的下降趋势线对价格反转走势构成支撑之后，一条新的、坡度较缓的下降趋势线就会再次对价格起到阻挡作用，而后，在买盘加速涌入的推动之下，这条新的下降趋势线也会被突破，并对随后的价格回调下跌起到支撑作用。

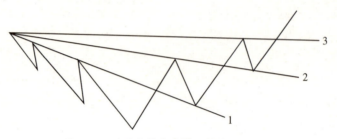

图 8-16　下降趋势线支撑位转换为阻力位

第四节　运用底部 K 线形态识别底部区

1. V 形底

V 形底是一种转势极快的底部反转形态，它多出现在深幅下跌后的低位区，并且是由低位区的一波快速下探走势引发，这一波的快速下跌多是由市场恐慌性抛盘涌出所致，是空方力量过度消耗的表现。暴跌必然酝酿暴涨，这一波的快速下跌引发了买盘资金的加速入场，使得个股在短期内出现飙升走势，从而形成了 V 形反转的形态。

识别 V 形底形态的关键两点是：价格的累计跌幅和短期涨势。对于累计跌幅来说，只有在持续大跌后的低位区出现快速反转上行走势才是较为可靠的 V 形底形态；对于短期涨势来说，V 形底是迅急的反转形态，它的短期涨幅巨大，且量能往往也同步大幅放出，呈现出一种低位区的量价并喷走势。

　　图 8-17 为宁波富达在 2013 年 1 月到 2014 年 3 月期间走势。如图所示，此股在持续下跌后的低位区又出现了一波快速下探走势，这一波快速下探走势引发了随后短期内量价井喷的急速飙升走势。这是场外买盘加速涌入的表现，也往往是主力资金快速拉升建仓的体现，是多空双方总体实力发生彻底转变的标志，预示着底部区的出现。在实盘操作中，股民可以在 V 形底形成后的回调走势中介入此股。

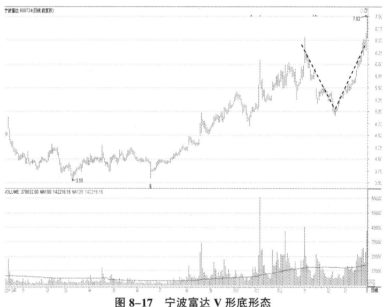

图 8-17　宁波富达 V 形底形态

　　图 8-18 为江西水泥（000789）2008 年 6 月 5 日至 2009 年 1 月 8 日期间走势，如图所示，此股在低位区间的一波快速下探走势引发了 V 形反转形态出现。伴随着快速向上的 V 形反转形态的还有成交量的大幅放出。这说明加速涌入的买盘资金促成了这一波 V 形反转走势，这也是多方力量开始加速入场的表现，预示着底部区的出现。

　　在实盘操作中，由于 V 形底转势较快，若股民不能在这一形态形成初期买股入场，则可以在 V 形底完全形成后，借助回调下跌后的相对低点来实施买股操作。虽然此时买股无法买在最低点，但由于趋势反转已然发生，此时仍然可以在牛市行情的启动初期布局。

　　图 8-19 为杭萧钢构（600477）2008 年 3 月 6 日至 10 月 8 日期间走势，

图 8-18　江西水泥 V 形底形态

如图所示，此股在低位区一波快速下跌走势后出现的连续四个涨停板的走势促成了 V 形反转形态。且在 V 形反转出现时，成交量也是大幅度放出，通过量能的变化及价格的短期飙升走势，股民可以准确地识别出底部区的 V 形反转形态。

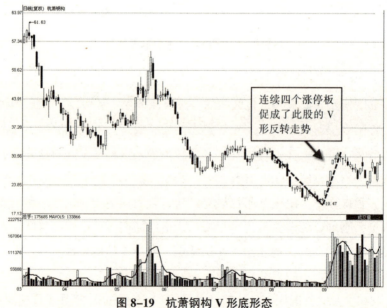

连续四个涨停板促成了此股的 V 形反转走势

图 8-19　杭萧钢构 V 形底形态

2. 圆弧底

当圆弧底这种 K 线组合形态出现在持续下跌后的低位区时，它是空方力量逐步减弱而多方力量缓慢增强的标志。圆弧底是一种过渡相对缓慢的转势形态，它清晰地勾勒出了多空双方力量的转变情况，是股民把握底部出现的重要形态之一。

图 8-20 为联美控股在 2014 年 6 月到 2015 年 3 月期间走势。如图所示，此股在长期下跌后，于低位区出现了一个体现空方力量逐步减弱、多方力量缓慢增强的圆弧底形态。这一形态清晰地勾勒出了多空双方的力量转变过程，是股民识别底部区反转的重要形态。

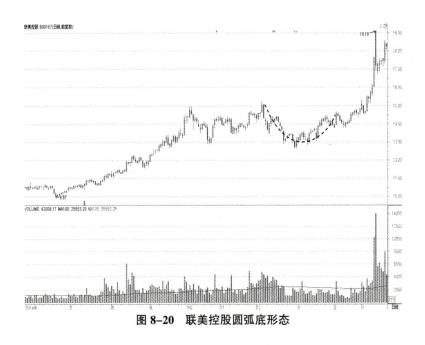

图 8-20 联美控股圆弧底形态

图 8-21 为天山纺织（000813）2008 年 6 月 4 日至 12 月 5 日期间走势，如图所示，此股在长期下跌后的低位区出现了一个预示着趋势转向的圆弧底形态。通过这一形态，股民可以更为及时地把握正在构筑中的底部区，从而实施中长线买股布局的操作。

3. 双重底与三重底

双重底也称为 W 底，它是一种价格走势二次探底的形态。二次探底过程既说明了空方无力再度打压价格，也说明了多方的承接力量开始增强。随

图 8-21　天山纺织圆弧顶形态

着多方力量在构筑双重底期间的不断累积，价格走势就会突破上行，从而构筑完成整个双重底形态。

图 8-22 为尖峰集团（600668）2014 年 4 月到 2015 年 3 月期间走势，如图所示，此股在长期大幅下跌后的低位区出现了二次探底的双重底形态。这

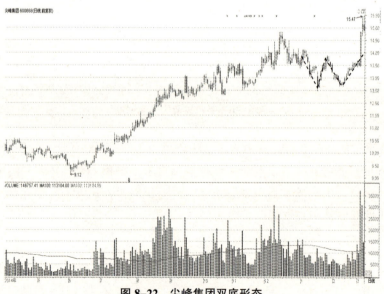

图 8-22　尖峰集团双底形态

是空方无力再度打压的体现，也是多方开始逐步积累能量的体现，是个股跌势见底的信号。

图 8-23 为煤气化（000968）2008 年 6 月 25 日至 2009 年 1 月 5 日期间走势，如图所示，此股在持续下跌后的低位区出现了形态宽阔的 W 底形态，这一形态准确地预示了此股正处于底部构筑走势中，是指导股民进行中长线买股布局操作的明确信号。

图 8-23　煤气化 W 底形态

一般来说，W 底形态越开阔、持续时间越长、个股的前期累计跌幅越大，则它所预示的底部出现这一信号就越准确。在实盘操作中，价格走势的二次探底及突破上行是两个较为明确的买入信号。那么，股民应如何把握这两个买入时机呢？

对于二次探底的买入时机，股民可以从此股前期的累计跌幅、近期的滞涨震荡及量能温和放大等盘面信息提前预判出底部，从而选择在二次探底时的阶段性低点及中长期低点买股布局。

对于突破上行的买入时机，由于此时的 W 底形态已完全构筑完毕，因而，它可准确地预示出上升趋势即将出现。而且从中长线的角度来看，个股仍然处于一个明显的低位区，后期仍有较大的上涨空间，此时买入股票可以分享牛市行情所带来的可观利润。

与双重底形态较为相似的是三重底形态，相对于双重底形态来说，三重底仅仅比双重底多了一次探底走势，三重底形态同样也是个股进入底部区的典型形态。

图 8-24 为太工天成（600392）2008 年 5 月 9 日至 2009 年 1 月 23 日期间走势，此股在持续下跌后的低位区出现了三次探底的三重底形态，这是个股跌势见底的标志，也是中长线投资者买股布局的信号。

图 8-24　太工天成三重底形态

4. 头肩底

头肩底形态是一种最为重要的底部反转信号，它的出现频率较高，由左右两个次低点（左肩和右肩）及中间一个最低点（头部）组合而成，是一种底部区的宽幅震荡形态。图 8-25 为标准的头肩底形态。

头肩底形态清晰、完整地勾勒出了多空双方的力量转变情况。首先是由下跌末期的最后一波快速下跌走势形成左肩，及随后买盘资金快速入场所引发的快速反弹上涨形成头部。在短期获利抛压的抛售下，出现一波下跌走势，但这一波下跌走势的幅度较小，且获得了多方的有力承接，从而形成右肩。随着买盘资金的再度推动，当价格走势突破颈线上行时，整个头肩底形

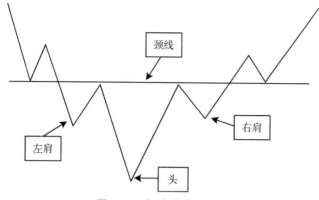

图 8-25 标准头肩底形态

态也构筑完毕，一轮上升趋势即将展开。

图 8-26 为银星能源（000862）2014 年 8 月到 2015 年 3 月期间走势。如图所示，此股在持续下跌后的低位区出现了较长时间的宽幅震荡走势，且这种宽幅震荡走势形成了一个低位区的头肩底形态。低位区头肩底形态的构筑过程是多方力量逐渐转强、空方力量逐渐转弱的过程，是下跌趋势进入底部区的表现，也是股民应选择中长线买股布局的信号。

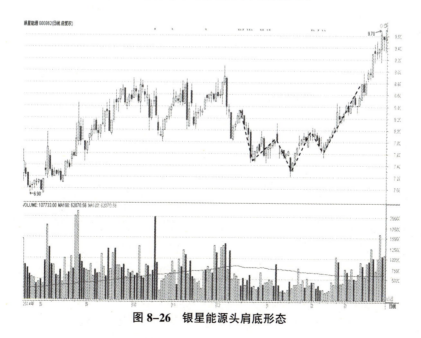

图 8-26 银星能源头肩底形态

图 8-27 为宝新能源（000690）2008 年 5 月 9 日至 2009 年 1 月 19 日期间走势，如图所示，此股在长期下跌后的低位区出现了一个形态宽阔的头肩底形态。这一形态彻底打破了原有的下跌趋势形态，说明空方已无力进行再度打压，是跌势见底的信号。

图 8-27　宝新能源头肩底形态

在应用头肩底形态展开实盘买卖时，这一形态为股民提供了两个较好的买点。第一个买点出现在右肩处。此时基于之前形成头部的一波下跌及上涨走势，股民可以意识到原有下跌趋势已被破坏，止跌企稳走势已然出现。而且，形成头部的一波上涨走势中往往会出现较为明显的放量，这是买盘持续入场的信号。因而，当股价回调至右肩处而无力再度下跌时，就可以较为准确地判断一个头肩顶形态正在形成，从而选择在此点位处买入股票。

第二个买点出现在价格走势向上突破颈线处。此时买入虽然没有买在最低点，但完整的头肩底形态已经形成，一轮上升趋势正喷薄欲出。而且，从中长线的角度来看，当前的价位仍是极低的，后期仍有较大的上涨空间。

第五节　运用涨跌比率指标识别底部区

ADR 指标线转升至数值 1 轴上方与底部区：

当股市处于下跌趋势中时，此时的 ADR 指标线会持续地运行于数值 1 下方，当股市经历了持续的下跌而步入底部区后，ADR 指标线就会开始向上突破数值 1，且在较长时间内站稳于数值 1 的上方。这种形态既是市场中多方力量逐渐转强且发动攻势的体现，也是股市进入底部反转走势的明确信号，此时即中长线投资者买股布局的时机。

需要注意的是，在这一底部区间，如果 ADR 指标线的上冲力度非常大，则说明买盘资金介入的力度较强，这是多方力量积蓄速度较快、底部持续时间较短、后期上涨行情较为可观的预示。无论对于短线投资者，还是对于中长线投资者，此时都是买股布局的好时机。

图 8-28 为上证指数 2008 年 4 月 2 日至 2009 年 3 月 2 日期间走势，在 ADR 指标窗口中，用虚线标示了数值 1 所在的位置。如图所示，股市在经历

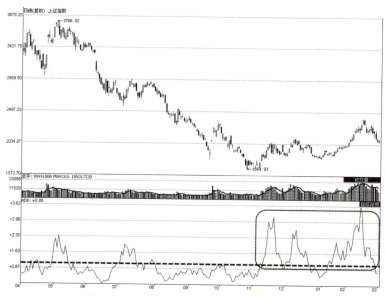

图 8-28　上证指数底部区 ADR 指标形态

了长期的下跌之后，于大幅下跌后的低位区出现了止跌企稳走势，同期的
ADR 指标线开始向上突破数值 1，且随后站稳于数值 1 的上方，同时同期
ADR 指标线上冲力度十分大。这说明股市中的买盘资金介入速度和多方力量
积累速度较快，是股市随后即将出现可观上涨行情的明确信号。因而，此时
是股民买股布局的最好时机。

第六节　运用瀑布线识别底部区

低位盘整中的多头形态与底部区：

在下跌趋势中，瀑布线会呈现鲜明的向下发散空头排列形态，这是空方
力量完全占据主导地位的体现。随着股价持续下跌，当股市或个股进入底部
区后，瀑布线的排列形态也会随之改变。当价格走势经低位区的震荡而于盘
整走势中出现多头排列形态时，则意味着之前的盘整走势是多方积累能量、
空方释放能量的过程，此时的多方已开始占据主动，这是底部区出现的标
志，也是股民应买股布局的信号。

图 8-29 为万通地产（600246）2008 年 5 月 7 日至 2009 年 1 月 19 日期
间走势，如图所示，此股在经历了持续下跌后，于低位区出现了较长时间的
止跌企稳盘整震荡走势。随着盘整走势的持续，原有的下跌形态已被彻底打
破，而且此股还在盘整震荡的过程中出现了瀑布线的多头排列形态（图中箭
头标注），这说明多方开始占据主动，底部区已经出现。此时，股民应进行
积极的买股布局操作。

图 8-30 为江山化工（002061）2013 年 8 月到 2014 年 8 月期间走势，如
图所示，此股在低位区的一波上涨后出现了横盘震荡走势，且 PBX 指标线
也呈现出多头排列形态。这说明空方难以再度打压个股，而多方的反击力
度则明显增强，加之此股前期的巨大跌幅，因而可以说这是跌势见底的明
确信号，股民可以在多头排列形态形成后择机买股布局，分享后期的牛市
"盛宴"。

图 8-29　万通地产底部区 PBX 形态

图 8-30　江山化工底部区 PBX 形态

图 8-31 为两面针（600249）2008 年 8 月 5 日至 2009 年 1 月 16 日期间走势，如图所示，此股在低位区的震荡走势中出现了 PBX 多头排列形态，这是个股下跌趋势进入底部区的信号。因而，我们可以在这一多头排列形态形成之后的一波回调走势中逢低布局，图 8-32 显示了两面针的后期走势情况。

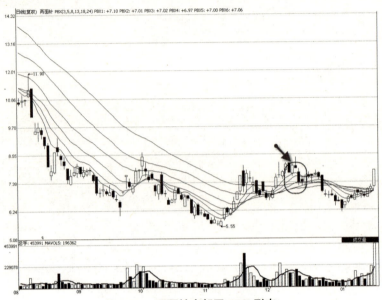

图 8–31　两面针底部区 PBX 形态

图 8–32　两面针低位震荡走势中多头形态后期走势

第九章 从主力控盘角度把握
个股的趋势运行

　　主力与散户是股市中截然不同的两类投资者，单独某一个散户可控资金数量少、只能交易少量的股票，大量的散户行动分散、无法形成合力，因而，散户在股市中只能随波逐流、是趋势的追随者；主力则不同，主力手中掌握着大量的资金，当主力参与某一只个股时，可以较大程度甚至完全控制个股的走势，因而，主力在股市中扮演着趋势制造者的角色。一般来说，主力对重仓参与的个股往往会有一个详细的运作过程，这个过程既是主力实现低吸高抛的获利过程，它同时也对应着个股的一轮趋势运行过程。这里就结合主力的控盘来看看投资者应该如何把握趋势运行。

第一节　主力资金类型

　　主力，也称为主力资金，它是股市中的主导力量，是对大盘或个股涨跌起主导作用的力量。由于股市整体的资金容纳量巨大且参与股市的资金类型多种多样，因而，并不存在某一实力强大的资金可以极大地影响甚至决定股市走向。因而，在讨论主力这一概念时，一般只是讨论那些隐藏于个股中的主力资金。

　　依据主力所拥有的资金性质，可以把主力分为：基金、券商、QFII、私募基金、上市公司大股东、大户联盟以及民间游资等。

　　基金也称证券投资基金，它是一种间接的证券投资方式。基金管理公司通过发行基金单位，集中投资者的资金，由基金托管人（即具有资格的银行）托管，从事股票、债券等金融工具投资。这里所说的基金是指以股票投资为主的股票型基金。

基金所持有的资金属于通过公开发售和面向大众募集而来的、具有公募性质的资金，并且基金所持有的重仓股要定期向广大投资者公布，以使投资者更好地了解基金的资产运作情况。一般来说，为了实现长期稳定的回报，基金多会选择一些业绩不错、公司发展前景良好的绩优股。这类绩优股盘子较大、业绩优秀，基金可以较为方便地进出，既可以快速实施建仓布局，也可以快速抛售离场。虽然基金可以在较大程度上影响这些个股的走势，但由于资金实力有限及要经常应对投资者的申购与赎回操作，因而，基金并不会强力控盘某一只个股，它们往往只是起到推波助澜、加速行情发展的作用。

券商是"集合理财"这种理财产品的发起人和管理人，是集合客户的资产并按照集合理财计划进行投资管理的专业投资者。券商在股市中的选股及运作方式与基金较为相似，都较为注意价值。

QFII 是 Qualified Foreign Institutional Investor（合格境外机构投资者）的缩写，QFII 制度是指允许已核准的合格境外机构投资者，在一定规定和限制下汇入一定额度的外汇资金，并转换为当地货币，通过严格监管的专门账户投资当地证券市场，其资本利得、股息等经审核后可转为外汇汇出的一种市场开放模式。我们可以把 QFII 看成是国际资本，一般来说，国外投资者更注重价值投资理念，QFII 进入中国股市也多是看好相关行业、公司的发展前景。对于广大普通投资者来说，若一只个股有 QFII 重仓布局，则更应关注上市公司的基本面变化和行业发展前景。

私募基金、大户联盟以及民间游资，其资金来源较为隐秘，它们是沪深股市的热点制造者，这类资金大多结合消息面因素在短期内强力控盘一只个股。股民经常看到的热点题材股的飙升走势、市场传闻的炒作等多与这类主力资金有关。

随着股权分置改革的推动，上市公司大股东手中的股票开始逐步地进入到了流通领域，为了能让手中的股票卖出高价，一些大股东也会对股票的价格走势进行刻意操控，从而使其成为控盘个股二级市场走势的主力资金。

以上几种主力资金对股价的走势都具备较强的影响力，特别是民间游资、大户联盟以及上市公司大股东等具有私募性质的主力资金，其行为往往会决定某只个股的走势。除了以上几种类型的主力资金外，还有很多其他隐藏在个股之中、对个股走势进行操控的主力资金，仅从一些公开信息中，我们难以察觉其存在，但是，如果查看个股的走势就会发现，这些个股明显被一只无形的"手"操控着。因而，在实盘操作中，股民一定要关注主力资金的动向。

虽然主力资金类型多种多样，但主力的控盘过程、控盘手法却是万变不离其宗，股民只需掌握了这些通用的内容，就可以轻松地捕捉到隐藏在个股中的主力并正确判断出主力的控盘意图，从而达到追随主力的目的。

第二节　主力优势多多

主力之所以是股市中的常胜将军，这与其所具有的种种优势密不可分。兵法云："知己知彼，百战不殆。"在这里，我们就来看看主力资金的优势有哪些。

1. 手中拥有巨资，可控盘个股

在股市中，资金为王，谁手中的资金多、股票筹码多，谁的发言权就大。个股的筹码数量是有限的，如果某一路的资金可以大量买入，从而使得市场上的浮筹大量减少，则这一路资金就可以轻而易举地达到控制个股走势的目的。主力资金手中拥有大额的可调度资金，它们可以上百万股甚至上千万股地买入一只股票，而这远远不是某个散户所能拥有的实力。资金实力是投资者控盘个股时的硬件实力，它直接决定着投资者所能形成的最大控盘力度。

2. 先知先觉，消息渠道优越

股市中往往会有这样一种现象，即某些将要发布利好消息的个股大多会提前上涨。此时，由于个股并没有公布消息，这些消息对广大的散户投资者来说是绝对的未知数，但个股提前上涨甚至强势涨停的走势则充分说明了一个事实：必有某路资金已提前获知了这一利好消息。其实，这正是消息渠道领先市场一步的主力资金的杰作。在股市中，提前获取了消息就等于将主动权牢牢地握在手中，是制胜的关键一步。

图 9-1 为天业股份（600807）2009 年 3 月 13 日至 7 月 10 日期间走势，如图所示，此股在长期盘整走势后开始突破上行，并且于 2009 年 7 月 9 日、10 日两个交易日连续出现了两个涨停板的走势。这种强劲的上涨势头仅靠无法形成合力的散户投资者是不可能出现的，它必然有主力资金的参与。随后，此股停牌并公布重大消息的这一情况解释了此股异动的原因：主力资金因提前获取了消息才如此大力运作此股。

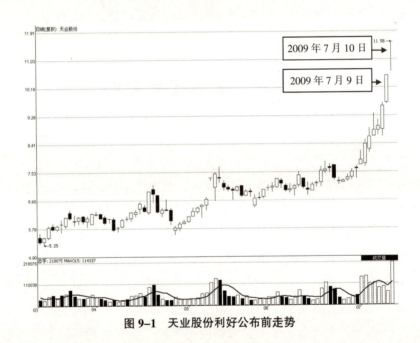

图 9-1 天业股份利好公布前走势

如图 9-2 所示，此股在停牌了一个月之后，于 2009 年 8 月 19 日开始复牌交易并公布利好消息："天业股份：拟定向增发不超过 2700 万股收购天业黄金矿业 100%股权；天业黄金系为收购明加尔金源公司股权而成立（3000 万澳元收购 51%股权），除投资明加尔金源公司外，并未开展其他实际业务。明加尔矿产区域面积为 1457 平方千米，截至目前，已探明储量的矿区面积约 50 平方千米，仅占总面积的 3.43%。"通过这一消息可以得知，天业股份所注入的资产为金矿资金，而 2009 年正值黄金价格步步攀升、黄金类个股股价持续飙升的时候。因而，这一消息符合市场热点，属于能激发投资者热情的重磅利好消息。在此消息的刺激下，此股在复牌后仍旧延续强劲上涨的势头，而主力资金则通过提前获取消息而领先一步于市场进行布局操作，从而在随后的控盘中立于不败之地。

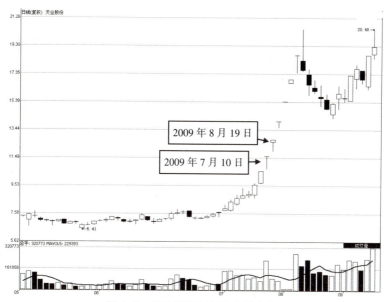

2009 年 8 月 19 日

2009 年 7 月 10 日

图 9-2　天业股份利好公布后走势

3. 专业素养高，对个股了如指掌

股市中的消息很及时也很迅速，例如，国家公布一些行业扶持政策、区域振兴政策等，这些消息都是实时公布的，散户与主力也都是同时获取的。此时，谁能最先挖掘出与消息面吻合的题材股，谁就可以在第一时间介入，从而掌握主动。

主力资金对个股了解程度远远强于普通的散户投资者，而且一些个股往往具有隐性题材（即这些个股虽然符合当前的热点题材，但仅仅通过股票软件所提供的公开资料，我们难以及时发现）。这时，就需要投资者细致入微地了解此股以往的重大事项，并从中发现踪迹。

图 9-3 为中路股份（600818）2008 年 10 月 10 日至 12 月 9 日期间走势，如图所示，此股在深幅下跌后的低位区开始出现连续飙升的走势。但是，在此股飙升行情开始的初期，很多投资者并不清楚它上涨的原因，直到随后此股引起了市场关注，它所具有的隐性题材才被披露出来。

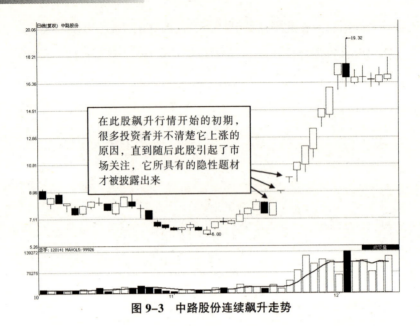

在此股飙升行情开始的初期，很多投资者并不清楚它上涨的原因，直到随后此股引起了市场关注，它所具有的隐性题材才被披露出来

图 9-3 中路股份连续飙升走势

此股的上涨源于一则关于迪士尼即将落户浦东区的公开消息，这一则消息对于所有投资者来说都是实时的，并不存在获取时间方面的先后之别。然而，不能全面了解中路股份的投资者是很难将它与这则消息联系起来的，如果我们查看股票行情软件中的公开资料，此股根本不是一只迪士尼题材股。然而，如果足够细心就可以发现，其实，此股有着巨大的隐性题材——土地增值概念。中路股份拥有一块与拟建中的迪士尼公园相邻的地皮，而此股又正处在深幅下跌后的低位区，这正是引发主力资金疯狂炒作此股的原因所在。

4. 运筹帷幄，控盘过程清晰

主力资金各不相同，有的主力资金介入个股更深入，因而对个股的控盘能力也就更强，有些主力资金介入个股相对较浅，对个股的控盘能力也相对较弱。但在结合大盘走势的基础上，有主力运作的个股与几乎没有主力运作的个股还是有着显著区别的，即使实力相对较弱的主力，也依然可以"兴风作浪"，在一定程度上"控制"个股的运行。

散户的操作方式往往是短线式的买卖，今天买入、明天就有可能卖出。对于主力而言，由于其资金规模较大，而且往往以获取高额利润为前提，因而，这种快进快出的买卖方式是行不通的，既达不到控盘的目的，也难以获取较大的利润。主力资金需要相对较长一段时间（如半个月左右）来进行控盘。

主力的控盘过程较为清晰，大体可以分为：低位建仓、拉升、洗盘、出货。对于短线主力来说，洗盘这个环节可以省略，但建仓、拉升、出货这三个阶段却是缺一不可的。因为，少了其中任何一个环节，主力资金都无法真正实施低吸高抛的获利操作。下面先结合一个实例来概略地了解一下主力的整个控盘过程。

图 9-4 为中金黄金（600489）2008 年 7 月至 2010 年 2 月期间走势，此股在此期间完成了一轮由底部到顶部的趋势运行过程，这一轮趋势运行过程也就是主力资金借助同期黄金价格步步攀升、投资者通胀忧虑加重等外界因素来控盘个股的过程。图中标示了主力资金的几个典型控盘阶段。

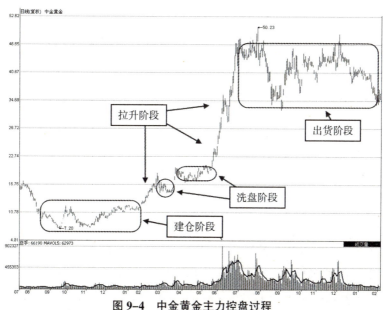

图 9-4　中金黄金主力控盘过程

5. 知己知彼，了解散户弱点

散户在操作过程中往往易受情绪波动的影响，难以按事先规划的方案进行操作。例如，当个股强势上涨时，虽然短期已经涨幅巨大，但强势的涨停板使得散户投资者产生一种追涨并快速获取短线利润的想法，从而在高位买进，将自己置于短期极有可能被套的不利境况之下；同样，当个股快速下跌时，虽然短期已经跌幅巨大，但本着不愿本金亏损再度扩大的想法，而在阶段性的低位割肉出局，从而蒙受了过大的损失。这两种操作并不是理性分析的结果，它们往往直接与情绪波动有关，这是造成散户失利的主要原因。

主力资金深谙散户投资者的这种追涨杀跌的情绪，并了解散户的一些分析思路（例如，放量欲涨就是散户投资者的共识，无量就无行情也是散户投资者的共识）。依据这些，主力资金就可以适当地制造一些盘面假象来迷惑散户投资者，从而使散户在低位卖出，而主力则借机买入，使散户在高位追涨买入，而主力则借机出货。可以说，了解散户的操盘习惯及情绪弱点，正是主力资金常胜的关键所在。

第三节　主力建仓阶段实盘解读

主力的控盘过程也就是趋势开始并持续发展的过程，对于主力资金来说，它们的控盘往往始于深幅下跌后的低位区，这也是个股的底部区。随后，主力持续运作个股，个股股价节节攀升，当主力拉升个股至目标价位时，就会进行出货操作，而这里也就构成了个股的顶部区。

建仓阶段是主力将手中巨额资金转化为股票筹码的阶段，主力的控盘过程也就是一个低吸高抛的获利过程。因而，建仓阶段多出现在个股的低位区，此时买股可以保证个股后期有充分的上涨空间。

1. 关注主力建仓两要素

对于主力资金来说，建仓时机和建仓目标是两大关键因素。选股不如选时，在一个好的时机下，结合大盘的低位企稳走势进行建仓，就可以取得明显的主动。一般来说，主力的建仓时机主要出现在以下几种情况中：

第一，大盘走势开始回暖时。大盘是个股运行的大环境，指数的运行往往深深地制约着个股的运行。而且，大盘走势也是绝大多数个股走势的反映，当大盘于深幅下跌后或是长期低位震荡后出现回暖迹象时，此时建仓个股，可以获得大环境的支撑，有利于主力的后期控盘。

第二，出现在个股深幅下跌后的估值偏低区。此时建仓的风险系数极低，只要主力有一定的耐心等待大盘回暖，则后期的个股上涨空间就是巨大的。

第三，低位区的恐慌性抛售中。此时建仓可以借助于市场的恐慌性抛售来完成大量筹码的买入操作，由于主力资金所需筹码数量巨大，因而没有足够的抛盘离场，主力是难以成功实施建仓操作的。

第四，上市公司基本面转型时。上市公司经常有大动作，这些大动作往往会使上市公司发生脱胎换骨的转变。如果市场未能在第一时间内正确评估其实际价值，则主力往往就会对其进行买入布局。

第五，个股有投资价值区。"个股有投资价值"是一个较为笼统的概念，不同的投资者有不同的研判标准。对于不同类型的个股来说，其估值中枢也是不同的（例如，对于大盘蓝筹股来说，由于其业绩增长缺乏想象力、后续成长空间有限，因而，相对于那些成长性突出的中小盘股来说，它的市盈率就会偏低一些），当主力资金认为一只个股具备了投资价值时，就会买入并耐心布局。

第六，热点题材出现时。热点题材股具备了较强的市场号召力，这一类个股也是主力资金偏爱的品种。但热点题材股的实时性很强，在市场热点没有出现时，股民很难提前判断出哪些热点将要出现，从而也没有办法提前布局这些个股。因而，往往只有在热点题材出现时，才会看到主力资金加速建仓的行为。

对于建仓的目标股来说，不同类型的主力资金有不同的选择目标。例如，基金、券商等公募性的主力资金多会选择一些有业绩支撑的绩优股或是大盘蓝筹股进行建仓；而民间游资、私募基金、大户联盟等具有私募性质的主力资金多会选择一些符合市场热点的题材股进行建仓。

图 9-5 为红宝丽（002165）2011 年 7 月到 2012 年 12 月期间走势，如图所示，此股在持续下跌后的低位区出现了止跌企稳走势。这一低位区的止跌企稳走势就是由主力资金开始大力度建仓而引发的，此股前期累计跌幅巨大，当前正处于一个明显的低估区，而且同期的大盘也出现了企稳走势。图 9-6 标示了同期的大盘运行情况，如图所示，同期的大盘出现了止跌企稳走势，而这种良好的大环境及明显低估的状态，正是主力资金开始建仓操作的最好时机。

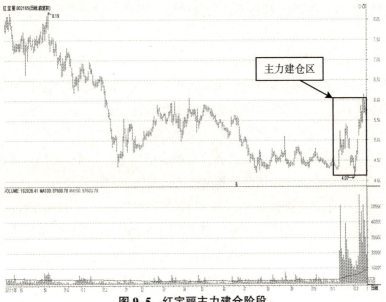

图9-5　红宝丽主力建仓阶段

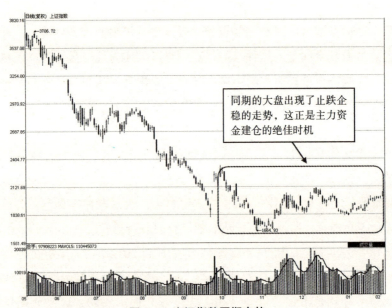

图9-6　上证指数同期走势

　　从图9-5中可以看到，伴随个股走势的企稳回升，同期的成交量也是持续放大，而这种低位区的量能放大形态正是主力资金大量买入筹码的盘面迹象。可以说，主力资金的大力入场促成了此股的底部区出现。

图 9-7 为万丰奥威（002085）2008 年 4 月 17 日至 2009 年 2 月 2 日期间走势，此股在深幅下跌后，出现了较长时间的止跌企稳走势。在止跌企稳过程中，可以看到量能的明显放大，这正是主力资金开始大力入场的表现。在实盘操作中，对于中长线投资者来说，可以在此时与主力资金一同布局个股，从而分享主力后期的拉升成果。

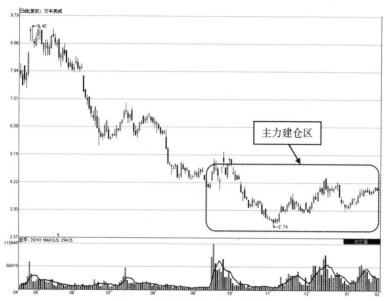

图 9-7 万丰奥威主力建仓阶段

2. 关注主力建仓时的盘面形态

在主力建仓阶段，除了止跌企稳的走势、量能的放大等盘面信息外，股民还可以借助一些其他的盘面信息来进行识别。一般来说，局部走势中的"牛长熊短"形态及日 K 线中的"红肥绿瘦"是股民识别主力建仓操作的两种典型形态。

所谓"牛长熊短"形态，是指个股在局部区的一波上涨及随后的下跌走势中，呈现出上涨时间明显长于随后下跌回调时间且上涨幅度大于随后的下跌回调走势的形态。若一只个股在持续下跌后的低位区或是在估值明显偏低的区间，出现这种盘面形态，则说明有资金在持续流入个股，这是多方力量明显强于空方力量的标志。一般来说，只有在主力资金大力建仓一只个股时，才会明显打破此股原有的多空力量对比格局，从而使其出现这种"牛长熊短"走势。因而，这种走势是股民识别主力建仓的一种典型的盘面形态。

在分析"牛长熊短"形态是否就是主力资金建仓的表现形式时，还需结合同期的量能变化。在"牛长熊短"的走势中，若在个股的一波上涨走势中出现了较为明显的放量，而在随后的一波回调下跌走势中出现明显的缩量，则多预示有大量场外资金流入个股，这是主力建仓的可靠信号。

图9-8为长江传媒（600757）2011年2月到2012年10月期间走势，如图所示，此股在持续下跌后的低位区出现了两波明显的"牛长熊短"走势，且在两波属于"牛长"的上涨走势中，量能明显放大，这是资金大量流入的迹象，而在随后的两波"熊短"走势中，则出现量能的明显萎缩，这说明仅仅是少量的阶段性获利抛压导致了个股的回调。这种盘面形态正是主力资金于底部区进行建仓的典型标志。

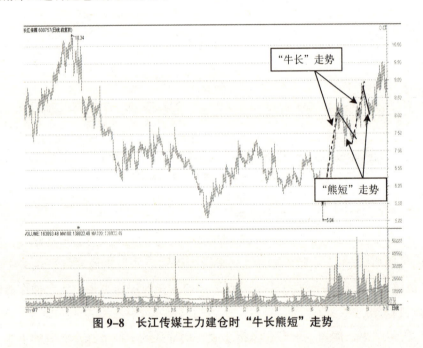

图9-8　长江传媒主力建仓时"牛长熊短"走势

图9-9为三佳科技（600520）2008年4月30日至2009年3月12日期间走势，如图所示，此股在持续下跌后的低位区出现企稳回升的走势。同期价格走势呈现出明显的"牛长熊短"形态，且成交量呈温和放大形态，这是主力资金开始介入个股的迹象，也是个股趋势反转的明确信号。

所谓"红肥绿瘦"形态是指个股在某一阶段的运行中，其阳K线的实体

图 9-9　三佳科技主力建仓时"牛长熊短"走势

较长、较大，而同期的阴 K 线则实体相对较短、短小。一般来说，这种"红肥绿瘦"形态是多方力量明显强于空方力量的表现，当其出现在低位区时，多是主力资金开始介入个股的信号。

图 9-10 为万科 A（000002）2008 年 7 月 2 日至 2009 年 2 月 13 日期间走势，如图所示，此股在深幅下跌后的低位出现企稳回升走势。在企稳回升这段时间的震荡上扬走势中，可以看到期间的阳 K 线实体较长、较大，而阴 K 线则实体相对较短、较小，这就是"红肥绿瘦"形态，它表明多方力量明显占据了主动，当其出现在深幅下跌后的低位区时，是主力资金开始大力建仓个股的体现。

图 9-11 为九龙山（600555）2008 年 7 月 31 日至 2009 年 2 月 9 日期间走势，如图所示，此股在底部区的企稳回升走势中呈现出了明显的"红肥绿瘦"形态，这是主力资金开始建仓个股的表现。此时，股民可在回调后的相对低位进行布局，达到与主力一同布局个股的目的，与主力一同布局个股，风险较低，而后期的利润则会因主力的强力运作而极其可观。

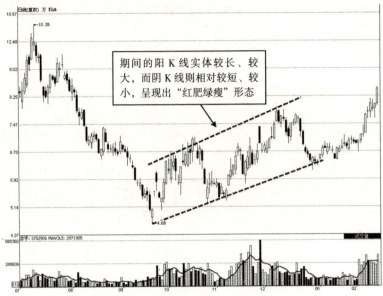

图 9-10　万科 A 主力建仓阶段"红肥绿瘦"形态

图 9-11　九龙山主力建仓阶段"红肥绿瘦"形态

第四节　主力震仓阶段实盘解读

　　主力建仓之后往往不会立刻拉升个股，为了减轻随后拉升时的阻力并且方便控盘，主力往往会对个股进行震仓操作。所谓"震仓"就是清洗底部区获利浮筹的一种操盘方式，经过震仓之后，底部区的获利浮筹会得到较好的清理，而主力又可以在拉升前进行最后的加仓操作。

　　震仓多以短线快速打压的方式来实施，这样可以使投资者产生一定的恐慌情绪，获利的持股者在看到短线利润被快速吞噬后，往往会有较强的卖出冲动，而主力则正好借投资者的这种情绪达到震仓的效果。下面就结合实例来看看主力是如何进行震仓操作的。

　　图9-12为中国软件（600536）2008年7月14日至2009年2月27日期间走势，此股在低位区因主力建仓行为而出现稳步攀升走势，如图所示，此股随后在阶段性的高点出现了四个交易日缩量下跌阴线。这四个交易日的下

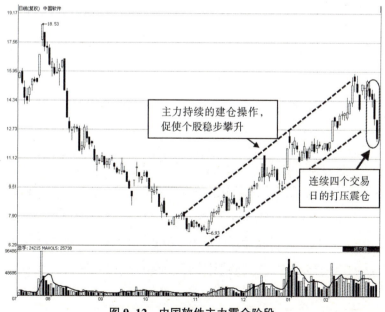

图9-12　中国软件主力震仓阶段

跌幅度较大，但量能却明显萎缩，这说明这一波下跌并不是由抛压沉重而引发的。

　　图 9-13 为中国软件（600536）2009 年 2 月 27 日前的走势全景，虽然此股经历了底部区的一波持续上涨走势，但是，从中长线的角度来看，此时仍然是一个较低的价位区间，而且之前底部区的放量攀升形态明显是主力资金持续流入的显著迹象。因而，我们可以认为这种持续攀升后的快速缩量下跌是主力资金的一次打压震仓操作，其目的就是清理底部区介入的获利浮筹，从而为随后的拉升做好准备。图 9-14 为该股在这次打压震仓后的走势情况。

图 9-13　中国软件 2009 年 2 月 27 日前走势全景

　　图 9-15 为申达股份（600626）2014 年 6 月到 2015 年 1 月期间走势。此股在经底部区的震荡上扬后，市场获利浮筹也开始大量增加，这对主力后期拉升个股是极为不利的。如图中箭头标注所示，借助于同期大盘的回调走势，主力顺势砸盘，从而使得个股的短期跌幅明显大于同期大盘，这是主力资金在建仓之后的一次震仓操作。图 9-16 为申达股份在 2014 年 8 月到 2015 年 3 月期间的价格走势。可以看到，此股随后步入了稳步攀升的上升走势中，这正是主力对此股积极运作的结果。

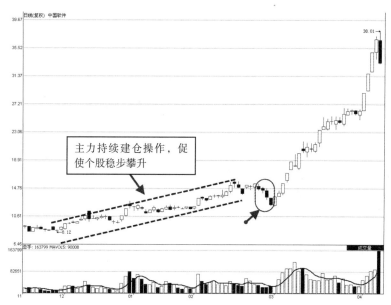

图 9-14 中国软件主力震仓后走势

图 9-15 申达股份主力增仓阶段

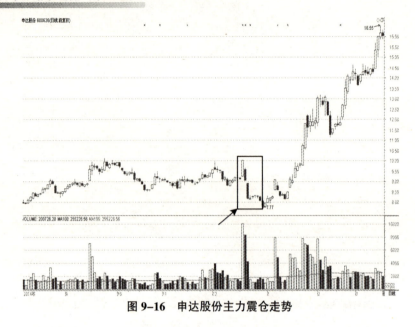

图 9-16　申达股份主力震仓走势

第五节　主力拉升阶段实盘解读

主力控盘就是为了实现低吸高抛的目的，一般来说，当主力建仓完毕后，如果大盘走势较为稳健，则主力就会着手对个股展开拉升，从而使其前期买入的筹码处于获利状态，这对主力后期的继续控盘具有重要意义。

1. 关注主力拉升两要素——时机与控盘能力

主力拉升个股的难易程度，既取决于主力建仓的力度，也取决于大势环境的配合。建仓力度直接决定主力控盘能力的强弱，如果主力前期建仓力度较大，则市场浮筹自然就较少，主力在随后的拉升中并不会面临较大的市场抛压；反之，如果主力建仓力度较小，则拉升个股所面临的阻力就要相对大一些。

对于外界环境来说，稳步攀升的股市有助于形成良好的追涨氛围，此时，个股的强势上涨会引发投资者的追捧，主力此时拉升个股有"火借风势，风助火威"之功效。

图 9-17 为包钢稀土（600111）2009 年 1 月 12 日涨停板分时图，如图所示，当日此股以一个涨停板的方式实现了强势上涨，通过图 9-18 的日 K 线走势图（2008 年 9 月 18 日至 2009 年 3 月 27 日期间走势）股民可以看到，此股当日正处于脱离底部区的盘整走势中，因而这一涨停板是主力资金对个股展开强势拉升的信号。

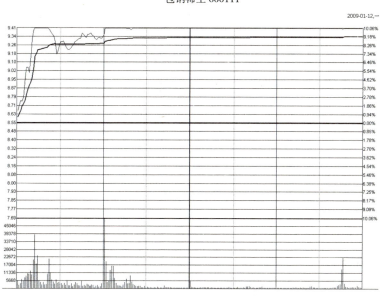

包钢稀土 600111

图 9-17　包钢稀土 2009 年 1 月 12 日涨停板分时图

那么，主力为何在这一时间点对个股展开拉升呢？首先，从走势上，如图 9-18 所示，主力有一个底部建仓阶段，建仓之后的拉升理所当然。其次，从大盘走势上，如图 9-19 所示，2009 年 1 月 12 日前，大盘走势正处于底部区的止跌企稳回升走势中，市场交易气氛活跃，一波回暖走势即将出现。若此时拉升，正好可以借助良好的市场氛围，有利于主力成功地实施拉升。

2. 关注主力拉升手法

在拉升阶段，股民最应关注的还是主力的具体拉升手法，不同类型的主力资金往往会采用截然不同的拉升手法。我们先来看中长线主力的拉升手法。

对于在中长期内控盘个股的中长线主力来说，其持仓量大，控盘能力也较为突出，个股若没有较大的累计涨幅，主力资金是难以获取丰厚利润的，

图 9-18　包钢稀土 2009 年 1 月 12 日前后走势

图 9-19　上证指数 2009 年 1 月 12 日前后走势

而且也难以于高位区成功出货。因而主力往往会采用较为稳健的拉升方式，使个股稳步上涨，这种稳步的上涨方式主要体现为以下几种 K 线形态：

第一，台阶式的上涨形态。主力资金会在较短的几个交易日内迅速拉升个股，使其上涨到一个新的平台。随后，在这一高位平台区进行积极的运作，从而保留住之前的拉升成果。经过休整之后，主力会找准时机再次快速拉升个股，使其再度上涨一层。因而，个股的整个上升阶段就呈现出台阶式的上涨走势。

图 9-20 为广博股份（002103）2014 年 6 月到 2015 年 4 月期间走势，如图所示，此股在步入升途后，其整个上涨过程就是以这种台阶式的方式完成的。台阶式的上涨形态多出现在主力资金强势控盘、市场浮筹较少的个股之中。这类个股的阶段性上涨幅度往往并不是很突出，也不符合市场的局部热点，但如果从中长线的角度来看，这类个股的累计涨幅往往是极为惊人的。因而，我们可以把出现这种上涨走势的个股看作有强控盘主力入驻的中长线黑马股。

图 9-20　广博股份台阶式上涨形态

图 9-21 为中国船舶（600150）2006 年 12 月至 2007 年 10 月期间走势，如图所示，在这近一年的时间内，此股累计涨幅巨大，这说明有中长线的强控盘主力在积极运作此股，而此股的上涨过程正是通过台阶式的形态完成的。

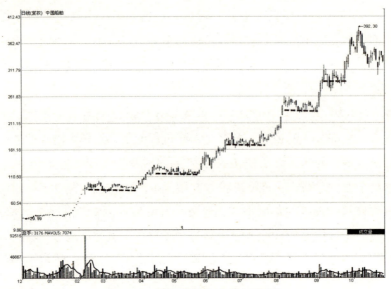

图 9-21　中国船舶台阶式上涨形态

第二，45 度角稳步攀升形态。这种上涨形态是指个股以 45 度角的方式稳步上涨，向上倾斜 45 度角的上升趋势线对此股的上涨构成了强有力的支撑，即使遇到股市较大幅度的下跌行情，这一趋势线也能起到良好的支撑作用。

这种上涨走势虽然是以同期的大盘稳步向上为前提的，但如果对比同期大盘走势，就会发现它的走势是较为独立的。当大盘稳步上涨时，此股随波逐流，也同样稳步上涨，此时难以发现主力刻意运作的踪迹；但是，当大盘出现明显下跌甚至是短期大幅度下跌走势时，这类个股却仍能够保持良好的上升形态，而且也不会明显地跌破上升趋势线，这说明的确有强控盘主力在积极运作此股。

图 9-22 为烽火通信（600498）2008 年 9 月至 2010 年 4 月期间走势，图中显示出了此股的上升趋势线。图 9-23 为上证指数 2008 年 8 月至 2010 年 4 月期间走势。通过对比可以看到，在上证指数于 2009 年 7 月末达到中期顶点后，烽火通信却依然延续着原有的上涨走势，并未受大盘的带动而随波逐流，这正是中长线主力强力运作此股的典型表现。

第三，波浪式的上涨形态。这一上涨形态是指个股以波浪式的方式实现上涨。一般来说，这种上涨形态多出现在主力控盘能力相对较弱的个股之中，是主力资金结合大盘波动而运作个股的一种表现。当大盘走势较好时，

图 9-22　烽火通信 45 度角稳步攀升形态

图 9-23　上证指数 2008 年 8 月至 2010 年 4 月期间走势

主力顺势打高个股，使其阶段性涨幅明显大于同期的大盘。随后，当大盘下跌回调时，主力往往并不刻意维护股价，而是让个股在一定的获利盘的打压下出现回调走势。但由于主力并没有进行出货，因而，若大盘不会出现短期暴跌走势，个股的回调幅度一般不会太大。通过这种方式运作，在大盘走势较为稳健的时期，个股也实现了一浪高于一浪的上涨。

图9-24为民生银行（600016）2008年10月30日至2009年8月11日期间走势，如图所示，基于同期良好的大盘走势，此股在主力资金的合力运作下，实现了波浪式的上涨走势，其涨幅远远大于同期的大盘。

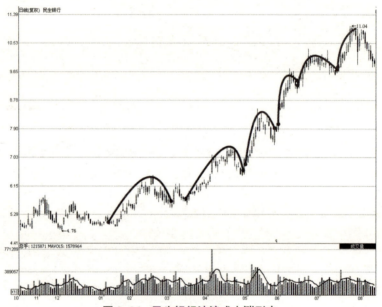

图9-24 民生银行波浪式上涨形态

我们再来看看以民间游资、大户联盟和私募基金等为代表的短线主力是如何拉升个股的。对于短线主力来说，由于其控盘时间相对较短，因而它们往往并没有足够的建仓时间，也没有强大的控盘实力。但是短线主力炒作的个股多是那些符合市场热点的题材股，因而，短线主力在拉升时可以借助于市场的力量。

为了更好地激发市场人气、调动投资者的追涨情绪，短线主力在拉升个股时，往往会借助于良好的热点题材，采取连续涨停板的激进方式。个股的涨势越强劲，持股者的卖出愿望就越低，而场外投资者的追涨情绪就越强烈，这为短线主力快速拉升个股创造了有利的条件。对应短线主力所采用的这种连续涨停板的拉升手法，可以将个股的这种上涨形态形象地称为"火箭式上涨形态"。

图 9-25 为成飞集成（002190）2010 年 4 月 14 日至 8 月 19 日期间走势，如图所示，此股在 2010 年 7 月 6 日后的涨停如同火箭冲天一般，其实这正是民间游资疯狂炒作锂电概念的结果。而民间游资在炒作此股的过程中正是使用了连续拉涨停板的激进手法，主力资金疯狂炒作此股，意味着此股必有热点题材。

图 9-25　成飞集成火箭式上涨形态

其实，此股于 2010 年 7 月 6 日发布的公告是导致主力资金炒作此股的根本原因，公告内容为："成飞集成：拟不低于 9.7 元/股定向增发不超过 1.06 亿股进军锂电。"根据成飞集成公告，公司拟募集资金向从事锂离子动力电池研制、生产和销售的中航锂电（洛阳）有限公司（以下简称中航锂电）增资从而实现对后者的绝对控股，而中航锂电计划投资 17 亿元以形成 6.8 亿 AH 大容量锂离子动力电池的生产能力。

从德赛电池 2010 年上半年的走势可以看到，2010 年上半年正是游资和机构联手炒作新能源概念的时间段。在这样一种背景下，进军锂电的成飞集成因盘小、价低、未被炒作的特点成为主力资金重点关注的对象。实际情况也确实如此，在 7 月初公布了重组预案后，成飞集成就开始扮演着后续市场中整个板块龙头的角色。图 9-26 为德赛电池（000049）2010 年 7 月 6 日前的走势，如图所示，此股在 2010 年上半年实现大幅上涨，而上涨的原因既非业绩增长，也非基本面的改善，这种上涨仅仅是主力资金炒作此股新能源概念的结果。

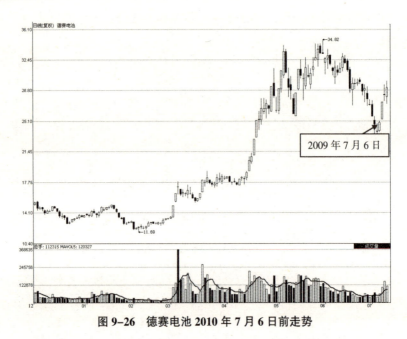

图 9-26　德赛电池 2010 年 7 月 6 日前走势

第六节　主力洗盘阶段实盘解读

洗盘出现在上升阶段，是主力资金清洗获利浮筹、为随后继续拉升做准备的一个阶段。由于短线主力的拉升往往采取一气呵成的方式，因而，洗盘行为更多地出现在中长线主力控盘的个股中。

1. 关注主力洗盘两要素

对于主力而言，洗盘的时间与空间至关重要。洗盘的时间讲究的是节奏，如果时间过长，则很难再度有效地汇聚市场人气，这对主力的后期继续拉升是极为不利的；反之，如果时间太短，则难以较好清洗掉获利浮筹，这会使主力后期的继续运作充满阻力。在实际走势中，主力往往会结合同期的大盘震荡，看准时机，在较短的时间内或相对较长的时间内完成一次洗盘操作。洗盘的空间是洗盘过程中价格波动幅度。洗盘空间的大小取决于主力的控盘程度及同期大盘的震荡幅度。综合来说，短期跌幅较大的打压式洗盘其持续时间相对较短，多在一两周内完成；而横盘震荡式的洗盘则持续时间相对较长，多在1个月左右才可完成。

2. 关注主力洗盘手法

不同的主力所采用的洗盘手法也不尽相同，一般来说，可以将主力的洗盘手法归结为三种：打压式洗盘、横盘小幅盘整型洗盘、挖坑式洗盘。

打压式洗盘多出现在个股的快速上涨走势中，个股阶段性涨幅较大、主力继续拉升所面临的获利抛压较重。此时，主力往往会结合获利抛压的涌出，突然打压个股，从而使得个股在短期内出现较大幅度的下跌，使获利浮筹在担心利润减少的心态下抛售筹码，从而达到洗盘的效果。

图9-27为信隆实业（002105）2014年4月到2015年1月期间的价格走势。如图所示，此股在脱离长期低位盘整区后，出现了快速上涨走势，短期涨幅较大，市场获利浮筹快速增多。随后，主力看准时机，在上升途中对此股进行了一次快速打压的洗盘操作，这为随后的继续拉升奠定了基础，正是因为有了这次快速打压洗盘，此股随后才能出现二度飙升的走势。

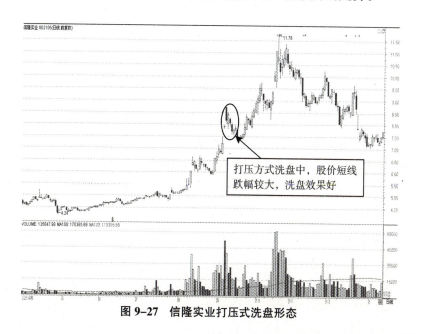

图9-27　信隆实业打压式洗盘形态

　　图 9-28 为 ST 二纺（600604）2009 年 1 月 9 日至 6 月 25 日期间走势，如图所示，此股在持续上涨途中出现了一波打压式洗盘的走势，个股短期跌幅较大，这往往会使获利持股者误认为主力资金急于出货、个股升势已经见顶，从而抛出手中的筹码。其实，这是主力对此股展开二度拉升前的一次快速打压行为。在这次打压式洗盘之后，主力资金再度对此股展开强势拉升操作。

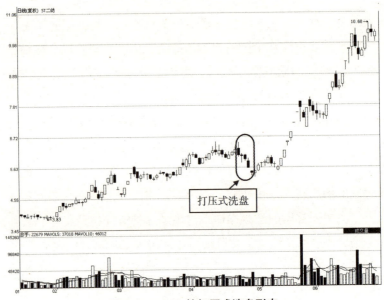

图 9-28　ST 二纺打压式洗盘形态

　　横盘小幅盘整型洗盘多出现在中长线主力强力控盘的个股之中，由于主力资金控盘能力突出且控盘方式明确，因而，我们可以看到此股的走势往往较为独立。当个股经持续上涨步入高位区后，主力资金会停止拉升，但却对个股进行积极的护盘，这使得个股可以稳稳地停留在高位区。在盘口中，股民往往可以看到上有大压单、下有大托单这种挂单方式，这正是主力资金维护股价的体现，而这种控盘方式也使得个股在高位区的盘整走势震荡幅度较小，而小幅震荡的盘整走势若持续时间较长，就会使那些没有耐心的投资者抛股离场，主力则既达到了洗盘的目的，又很好地稳住了股价。对于出现这种洗盘方式的个股，可以参见前面"台阶式上涨形态"中提到的中国船舶与中金黄金。

挖坑式洗盘是一种形象的说法，它是指个股在上升途中出现了一波快速深幅下跌，且随后在较长时间内停留于阶段性的低位区，从而形成了一个坑形。一般来说，这种洗盘方式多是主力资金结合同期大盘快速下跌并持续走弱走势而采取的一种手法。

图 9-29 为同达创业（600647）2008 年 10 月至 2010 年 4 月期间走势，如图所示，此股在上升途中出现了挖坑式的洗盘形态，这种形态正是主力资金结合同期大盘持续走弱所采取的一种洗盘方式。

图 9-29　同达创业挖坑式洗盘形态

图 9-30 为飞乐音响（600651）2008 年 11 月至 2010 年 5 月期间走势，如图所示，此股在持续上涨途中也出现了这种挖坑式的洗盘形态，它同样是主力资金结合同期大盘走势进行的一次持续时间相对较长的洗盘操作。

图 9-30　飞乐音响挖坑式洗盘形态

第七节　主力出货阶段实盘解读

在主力的整个控盘过程中，出货是最为重要和关键的一个环节。如果说在前面的几个控盘阶段，主力资金可以凭借其强大的资金实力以达到从容控盘的目的，那么，出货阶段则更需要技巧，特别需要良好的大势环境作为配合。

1. 关注主力出货两要素

对于主力出货阶段而言，出货时间与空间是股民应关注的两大要素。相对于建仓、洗盘和拉升等阶段来说，出货阶段的时间往往最长，短则几个月，长可达数年之久。为什么主力出货需要这么长的时间呢？当个股经历了长期上涨而进入明显的高估泡沫区后，由于风险加大，散户高位接盘的意愿就会较低，若个股没有重大的热点题材出现则无法激发散户投资者的追涨热情，持仓量巨大的主力就不可能在短时间内完成出货操作。因而，主力只有让个股长时间停留在高位区，才可以逐步麻痹散户投资者的高位警觉意识，从而实现缓慢出货、套利出局的目的。

图 9-31 为 *ST 思达（600670）1999 年 8 月至 2002 年 8 月期间走势，如图所示，此股在经历了数倍上涨之后，于 2000 年 9 月后进入了高位滞涨走势中，此时的个股处于高估值状态的泡沫区，这一区间也是主力开始逐步出货的区间。随着主力停止拉升并持续进行出货操作，此股于顶部区出现了持续两年多的震荡滞涨走势。

图 9-31　*ST 思达主力出货阶段

这两年多的震荡滞涨走势足以消除散户投资者的风险警觉意识，而主力则在期间不断地进行出货。图 9-32 为此股 1996 年 12 月至 2010 年 8 月期间的走势全景，图中标示了 2000 年 9 月这一时间点。如图所示，此股在经历了顶部区数年之久的震荡之后，随着主力出货的完成，步入了快速下跌走势中，此后再也没有返回这一顶部区。

图 9-33 为中国软件（600536）2008 年 9 月至 2010 年 4 月期间走势，此股在经历了持续的上涨之后，于高位区出现了长达一年之久的震荡滞涨走势，这一高位区间也正是主力资金开始持续出货的区间。

主力出货的空间是指个股在顶部区的震荡幅度。一般来说，主力的出货改变了市场中的原有供求关系，而且在出货阶段，主力的护盘意愿往往较

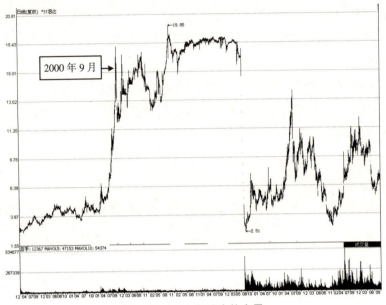

图 9-32 *ST 思达走势全景

图 9-33 中国软件主力出货阶段

低，这使得个股在顶部区的震荡走势多以宽幅震荡形态呈现出来。从震幅上来讲，最低水平应该在 20% 以上。累计上涨幅度越大的股票，其需要出货的空间也就越大。有时上涨数倍的股票，为了出货的需要，还会上下波动

30%~50%，这就是在高位抛出的股票还会继续上涨的原因和道理。从 *ST 思达和中国软件的顶部区走势中可以看到，顶部区的震荡幅度还是很大的。

2. 关注主力出货阶段盘面形态

在主力出货阶段，除了震荡滞涨的走势、量能的萎缩等盘面信息外，还可以借助于一些其他的盘面信息来识别。一般来说，局部走势中的"牛短熊长"形态也是股民识别主力出货操作的典型形态。

所谓"牛短熊长"形态是指：个股在局部区的一波上涨及随后下跌走势中，呈现出上涨时间明显短于下跌时间的形态，上涨往往是两三个交易日的快速拉升，而随后的下跌则是连续小阴线不断，这是主力资金首先快速对倒拉升、随后陆续出货的表现。可以说，这种"牛短熊长"的走势是股民识别主力出货操作的一种典型的盘面形态。

在分析"牛短熊长"形态是否就是主力资金出货的表现形式时，还需结合同期的量能变化。在"牛短熊长"的走势中，若个股在两三个交易日的快速上涨中出现了量能的明显放大，但随后却突然大幅萎缩的形态，则多是主力对倒出货手法的体现，它预示着个股已进入顶部区，是中长线卖股离场的信号。

图 9-34 为浪潮软件（600756）2009 年 1 月 21 日至 8 月 26 日期间走势，此股在持续上涨后的高位区出现了长期的震荡滞涨走势，并且在震荡滞涨走势中出现了明显的"牛短熊长"形态。这说明主力资金正于这一高位区进行出货操作，这是个股进入顶部区的标志，也是中长线投资者卖股离场的信号。

图 9-35 为中国软件（600536）2009 年 1 月 23 日至 8 月 13 日期间走势，如图所示，此股在持续上涨后的高位区出现震荡滞涨走势，同期价格走势呈现出明显的"牛短熊长"形态，且成交量呈总体萎缩的状态。这是主力资金无意再度拉升、个股进入顶部区的标志，也是个股趋势反转的明确信号。

图 9-34　浪潮软件"牛短熊长"走势

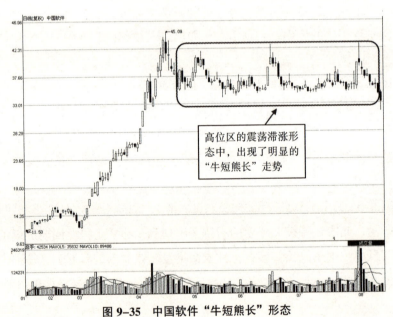

高位区的震荡滞涨形态中，出现了明显的"牛短熊长"走势

图 9-35　中国软件"牛短熊长"形态

第十章　低位区捕捉翻倍黑马股实战

> "黑马"是指那些可以实现大幅上涨的个股，这些个股的未来涨势远远强于同期大盘，涨幅小的可以出现翻倍行情，涨幅大的甚至可以出现3~5倍的上涨。一般来说，黑马股的诞生往往与主力资金的积极运作有关，但并不是每一只有主力运作的个股都可以成为翻倍黑马。股民要想成功捕捉黑马股，就要了解一些特殊的盘口形态，本章将结合主力资金的控盘手法和沪深两市个股的实际走势来讲解如何在低位区提前捕捉黑马股。

第一节　均笔成交异动下的黑马股实战

均笔成交也称为每笔均量，它由成交量除以成交笔数而得出，是一种用于反映主力资金动向的统计指标。

我们知道，主力资金手中持有巨额控盘资金，其买卖行为并不像散户投资者那样小笔交易，因此，当主力资金开始活动于一只个股时，个股的每笔均量一般会出现明显的攀升。对于国内主力资金而言，建仓阶段往往会大笔买入，这样可以缩短建仓时间，及时把握良好的大盘环境；而在出货阶段，则多通过小单卖出的方式，以防止散户跟风出局，造成个股股价快速下跌的不利情况。

在实盘操作中，在结合价格走势的基础之上，股民可以重点关注那些每笔均量大幅攀升，而股价走势却波澜不惊的个股。如果某只个股处于低位区的震荡走势中，其每笔均量呈大幅攀升形态，则往往说明有主力资金强势入

驻此股，而且大多是控盘能力极强的中长线主力。此股的后期行情值得期
待，因为这样的个股容易成为黑马股，此时也是股民买股布局的最好时机。

图 10-1 为安纳达（002136）2008 年 2 月 20 日至 12 月 25 日期间走
势，此股在深幅下跌后的低位区出现了盘整震荡走势，虽然个股走势波澜
不惊，但是同期的每笔均量形态却大幅攀升。这说明有主力资金大笔吸纳
个股，是个股跌势见底的信号，也预示着个股后期的上涨行情极为可观。
此时是股民布局翻倍黑马股的最佳时机。图 10-2 显示了安纳达随后的走
势情况。

图 10-1 安纳达低位区每笔均量大幅攀升形态

图 10-3 为湘潭电化（002125）2008 年 2 月 5 日至 12 月 17 日期间走势，
如图所示，此股在深幅下跌后同样出现了每笔均量大幅攀升的形态，这是主
力资金开始吸纳个股的表现，预示着此股在随后将成为一只远超大盘的黑马
股。图 10-4 显示了湘潭电化随后的走势情况。

图 10-5 为辽宁成大（600739）2014 年 4 月到 2015 年 5 月期间走势。如
图所示，此股在深幅下跌后出现了每笔均量大幅攀升的形态，而此股之所以
能出现大幅上涨的行情，正是由于强控盘主力资金于底部区的充分介入及随
后的强力运作。

如果单看个股走势，股民往往较难发现主力的行踪，但是通过每笔均量

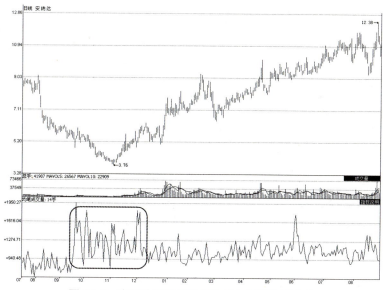

图 10-2　安纳达低位区每笔均量大幅攀升后走势

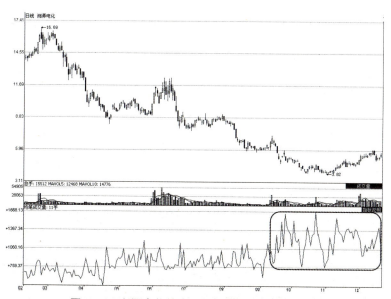

图 10-3　湘潭电化低位区每笔均量大幅攀升形态

的异动，却可以准确地捕捉主力的存在，从而为在低位区布局翻倍黑马股提供线索。

　　除了关注深幅下跌后低位区的每笔均量大幅攀升形态外，股民还应关注个股在上升盘整走势中的每笔均量大幅攀升形态，这同样是主力资金快速加

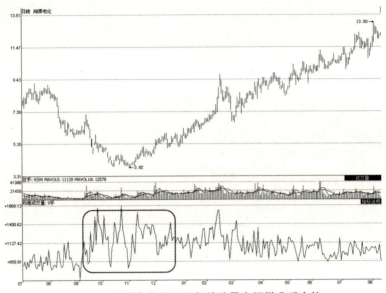

图10-4　湘潭电化低位区每笔均量大幅攀升后走势

图10-5　辽宁成大低位区每笔均量大幅攀升形态

仓并有意在短期内对个股进行强势拉升的明确信号。

图10-6为新农开发（600359）2008年10月28日至2009年9月3日期间走势，此股在上升途中累计涨幅不大的情况下出现了较长时间的盘整震荡走势。如图所示，在盘整震荡走势的后期，此股的每笔均量持续攀升，这说

明有主力资金在对个股进行快速加仓操作，是个股随后即将出现短线行情的
信号。图 10-7 显示了此股随后的走势情况，如图所示，此股随后的这一波
短线飙升行情就是主力资金充分运作的结果。

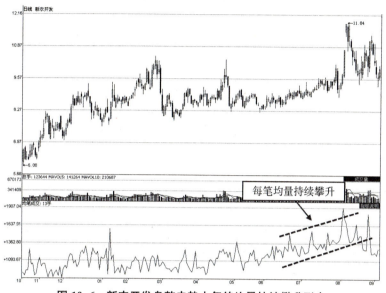

图 10-6　新农开发盘整走势中每笔均量持续攀升形态

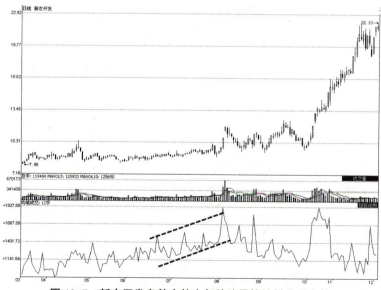

图 10-7　新农开发盘整走势中每笔均量持续攀升后走势

图 10-8 为莲花味精（600186）2008 年 12 月 30 日至 2009 年 11 月 11 日期间走势，如图所示，此股在上升途中出现了较长时间的盘整走势，仅从盘整走势中，股民很难判断出它的后期走势。但是，此股在盘整走势中每笔均量大幅攀升形态却提示股民，主力资金有快速加仓的行为，而这种快速加仓的行为正是主力资金对个股即将展开强势拉升的明确信号。图 10-9 显示了此股在每笔均量大幅攀升后的运行情况。

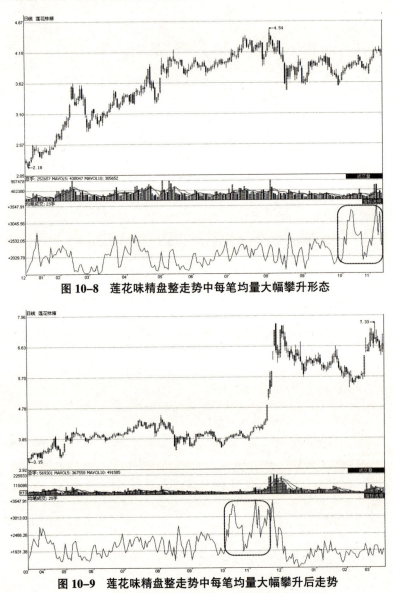

图 10-8　莲花味精盘整走势中每笔均量大幅攀升形态

图 10-9　莲花味精盘整走势中每笔均量大幅攀升后走势

第二节　次低位横盘缩量下的底部黑马股实战

次低位横盘缩量是一种经典的量能形态，它多出现在主力强势介入并有意强力控盘的个股之中，预示着个股后期将有较好的上涨行情，这种形态也是股民捕捉翻倍黑马股的重要形态之一。

次低位横盘缩量形态出现在个股处于深幅下跌后低位区的止跌企稳走势中，它是指在一波明显的放量上涨走势之后，个股出现了快速缩量的回调走势，并于回调走势后的相对低位出现横盘窄幅震荡走势，在此横盘窄幅震荡期间，个股的成交量要远远小于之前上涨时的量能，其缩量效果十分明显。这一横盘窄幅震荡区间是局部走势中的相对低点，但相对于前期的最低点而言，它却是相对的高位，将面临一定的市场抛压。这一位置区的缩量小幅震荡走势就是所谓的"次低位横盘缩量形态"。

次低位横盘缩量形态是主力快速建仓后再度锁仓的体现，低位区的放量上涨是主力建仓的表现，而随后的缩量回调及盘整走势则说明市场抛压并不沉重，它仅仅是由少量市场获利浮筹引起的，而这正是主力积极锁仓的表现。

图 10-10 为沙隆达 A（000553）2008 年 7 月 14 日至 2009 年 1 月 14 日期间走势，此股在深幅下跌后出现了止跌企稳走势，且在随后的企稳向上过程中出现了形态鲜明的次低位横盘缩量形态。这种形态是主力资金强力介入此股的表现，预示着个股后期将有不错的飙升走势出现，无论是对短线投资者来说，还是对中长线投资者来说，此时都是买股的好时机。图 10-11 显示了此股在这一次低位横盘缩量形态后的走势情况。

图 10-12 为石油济柴（000617）2008 年 6 月 30 日至 2009 年 1 月 14 日期间走势，此股在低位区的震荡上扬走势中出现了形态鲜明的次低位横盘缩量形态，这一形态既是可靠的趋势反转信号，也是主力资金强力入驻个股的体现，此时，股民可以对个股进行积极的买入布局操作。图 10-13 显示了此股在这一次低位横盘缩量形态后的走势情况。

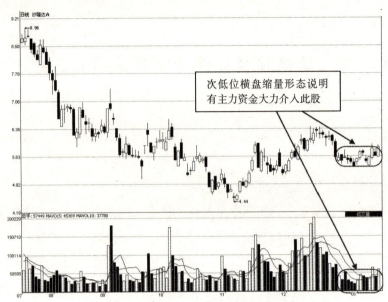

次低位横盘缩量形态说明
有主力资金大力介入此股

图 10-10　沙隆达 A 次低位横盘缩量形态

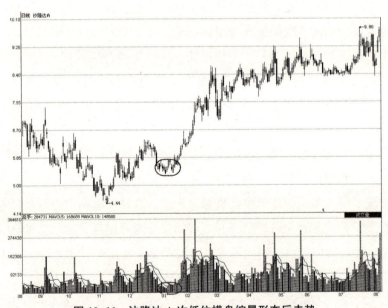

图 10-11　沙隆达 A 次低位横盘缩量形态后走势

　　图 10-14 为襄阳轴承（000678）2008 年 5 月 16 日至 2009 年 2 月 2 日期间走势，如图所示，此股在深幅下跌后的低位区，首先出现了一波持续时间较长的放量上涨走势，这一波上涨走势持续时间长且量能放大效果鲜明，完

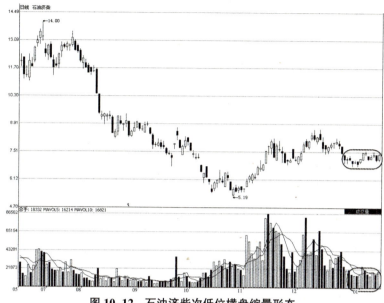

图 10-12 石油济柴次低位横盘缩量形态

图 10-13 石油济柴次低位横盘缩量形态后走势

全不同于下跌途中的反弹走势，这也使得原有的下跌形态被彻底打破。随后，此股于局部走势中的阶段性高点出现了窄幅盘整走势，在这一走势中，可以看到成交量的明显缩小，这就是次低位横盘缩量形态。它是趋势反转的信号，也是主力资金开始大力建仓个股的表现，在实盘操作中，股民可以选择在此时对此股进行积极的买入操作。图 10-15 显示了襄阳轴承随后的运行情况，如图所示，在次低位区的缩量横盘区买股，于长于短，都是一个绝佳的买入时机。

图 10-14　襄阳轴承次低位横盘缩量形态

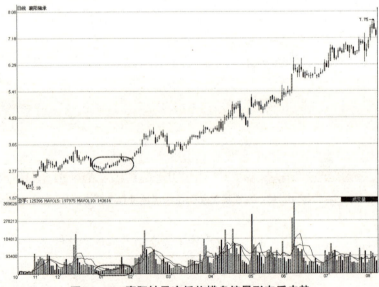

图 10-15　襄阳轴承次低位横盘缩量形态后走势

　　图 10-16 华信国际在 2013 年 9 月到 2014 年 7 月期间走势。如图所示，此股在低位区的企稳回升走势中所出现的次低位横盘缩量形态正是此股即将成为翻倍黑马股的明确信号，此时也是股民买股布局的最好时机。图 10-17 为华信国际在 2014 年 2 月到 2015 年 11 月期间走势。

图 10-16　华信国际次低位横盘缩量形态

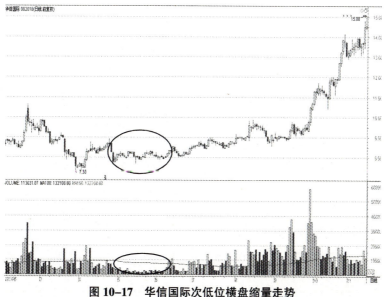

图 10-17　华信国际次低位横盘缩量走势

第三节　强力抗跌型的短线黑马股实战

　　强势抗跌型股票是指在大盘同期快速下跌且短期跌幅较大的情况下，此股却能逆势盘整震荡，而不随大盘出现深幅调整走势，如果此时的个股正处于相对低位的盘整走势中，或是处于上升途中的长期盘整走势后，则这大多是主力资金有意强势拉升个股的体现，是个股短期内即将出现飙升行情的信号。

　　图 10-18 为新农开发（600359）2008 年 8 月 19 日至 2009 年 9 月 30 日期间走势，如图所示，此股在长期的盘整走势后，于 2009 年 7 月 30 日至 2009 年 9 月 30 日期间出现了宽幅震荡走势。图 10-19 标示了这段时间内的大盘走势，如图所示，在这段时间内，大盘出现了深幅下跌走势，而新农开发的股价非但没有受到大盘带动而出现下跌，反而呈现出了宽幅震荡且向上突破的迹象。其实，这正是主力资金欲强势拉升个股的信号。考虑到此股长

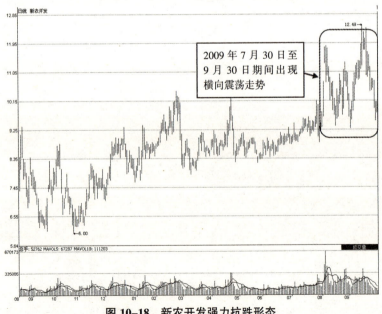

图 10-18　新农开发强力抗跌形态

图 10-19 上证指数走势

期处于低位盘整区，因而，此股后期突破上行的可能性是极大的。图 10-20
显示了新农开发在强力抗跌形态后的走势情况。

图 10-20 新农开发强力抗跌形态后走势

图 10-21 为领先科技（000669）2008 年 11 月 24 日至 2009 年 9 月 30 日
期间走势，此股在 2009 年 7 月 30 日至 2009 年 9 月 30 日期间也出现了强势
盘整的抗跌走势。虽然此股前期出现了一波上涨，但是其上涨走势稳健且累
计涨幅有限，因而，在 2009 年 7 月 30 日至 2009 年 9 月 30 日期间的强力抗
跌形态说明主力资金仍有意再度拉升个股，这是个股随后即将强势上涨的信
号。对于持有此股的投资者来说，不必过于担心大盘的回调下跌，而仍应积
极地持股待涨。图 10-22 显示了领先科技随后的走势情况。

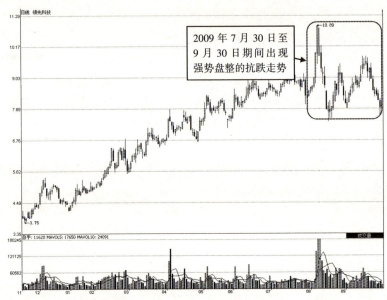

图 10-21　领先科技强力抗跌形态

图 10-23 为万通地产（600246）2008 年 4 月 18 日至 11 月 7 日期间走
势，此股在深幅下跌后，于 2008 年 9 月 26 日至 11 月 5 日期间出现了强势
盘整走势，但是同期的大盘指数却持续下跌，且创出了新低。图 10-24 显示
了上证指数 2008 年 9 月 26 日至 11 月 5 日期间的走势情况，如图所示，在
2008 年 9 月 26 日至 11 月 5 日期间，大盘指数快速下探且创出了新低，然
而，同期的万通地产却是以强势盘整形态呈现出来。这说明，已有主力资金
开始介入此股，这是此股后期表现上佳的预示。图 10-25 显示了万通地产在
强力抗跌形态后的走势情况。

图 10-22 领先科技强力抗跌形态后走势

2008 年 9 月 26 日至 2008 年 11 月 5 日期间出现强势盘整走势

图 10-23 万通地产强势抗跌形态

图 10-24　上证指数走势

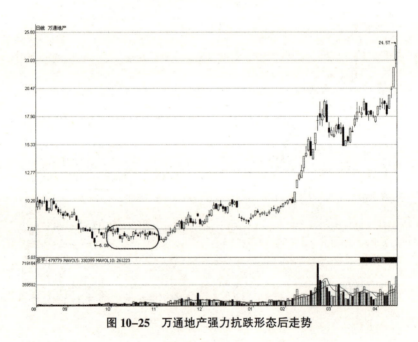

图 10-25　万通地产强力抗跌形态后走势

　　图 10-26 为中国宝安（000009）2008 年 6 月 16 日至 11 月 10 日期间走势，如图所示，此股在 2008 年 9 月 26 日至 11 月 5 日期间不仅强力抗跌，而且还出现了震荡上扬形态。由于此股正处于深幅下跌后的低位区，因而，

此种形态说明主力资金介入的力度非常大，是个股后期即将出现可观行情的明显信号。图 10-27 显示了中国宝安随后的走势情况。

2008 年 9 月 26 日至 2008 年 11 月 5 日期间出现强势震荡上扬形态

图 10-26 中国宝安强力抗跌形态

图 10-27 中国宝安强力抗跌形态后走势

第四节　涨停突破长期盘整区的短线黑马股实战

涨停板既是多方力量强劲的体现，也是主力资金即将对个股展开强势拉升的明确信号。在个股于相对低位区出现长期盘整走势后，若出现涨停板突破盘整区的形态，则大多代表主力资金有较强的拉升个股意愿，是个股短期内即将出现飙升行情的信号。此时，股民可以在第一时间追涨买入。

图 10-28 为浪潮软件（600756）2008 年 11 月 8 日至 2009 年 4 月 2 日期间走势，如图所示，此股在长期震荡缓升的走势中，于 2009 年 4 月 2 日出现了一个强势的涨停板突破上扬形态。图 10-29 为浪潮软件 2009 年 4 月 2 日的涨停板分时图，考虑到此股前期的累计涨幅较小，且处于震荡缓升走势中，因而，这一涨停板突破形态可以视作主力资金强势拉升个股的信号，也是股民应快速追涨买入个股的信号。图 10-30 显示了浪潮软件随后的走势情况，如图所示，此股随后在主力资金的强势拉升下，出现了十天九个涨停板的强势上涨走势，堪称当时股市中一道亮丽的"风景线"。

图 10-28　浪潮软件涨停板强势突破形态

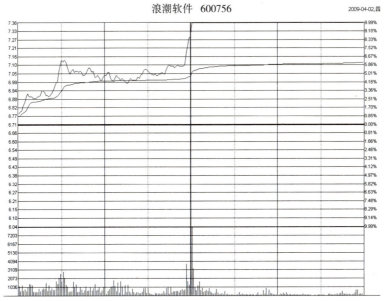

图 10-29　浪潮软件 2009 年 4 月 2 日涨停板分时图

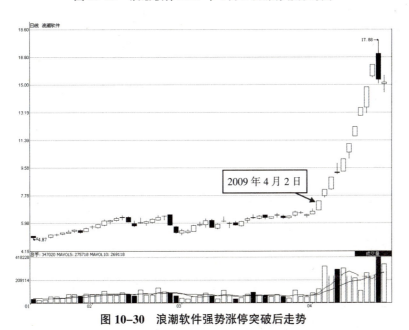

图 10-30　浪潮软件强势涨停突破后走势

图 10-31 为熊猫烟花（600599）2008 年 12 月 22 日至 2009 年 7 月 30 日期间走势，如图所示，此股在低位区的长期盘整走势后，出现了一个涨停板突破形态。图 10-32 为该股 2009 年 7 月 30 日涨停板突破当日的分时图，涨

停板是主力资金强势做多的信号，而且此股的前期技术形态良好又具有国庆烟花燃放的题材，因此可以断定这是主力资金即将对此股展开强势拉升的信号。图 10-33 显示了熊猫烟花在这一涨停板突破形态后的走势。

图 10-31　熊猫烟花涨停板强势突破形态

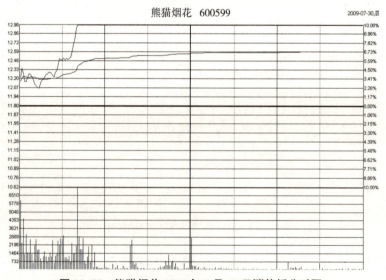

图 10-32　熊猫烟花 2009 年 7 月 30 日涨停板分时图

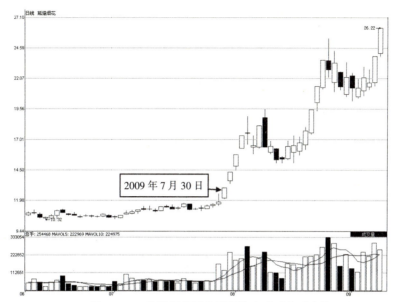

图 10-33 熊猫烟花涨停板强势突破形态后走势

图 10-34 为久联发展（002037）在 2010 年 1 月到 2014 年 12 月期间走势，如图所示，该股在低位区的长期盘整震荡以后，出现了一个强势涨停板突破上扬形态。图 10-35 为久联发展 2014 年 11 月 25 日的涨停分时图，考虑到此股前期累计涨幅较小且处于相对低位区的长期盘整走势中，因此，这一涨停板突破形态可以视为主力资金强势拉升的信号。当然，这也是股民快速追涨买入的信号。图 10-36 显示该股随后的走势情况，如图所示，在主力资金的强势拉升下，久联发展出现了涨停板走势。

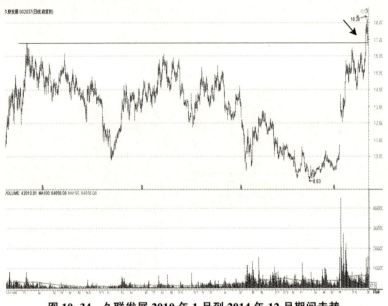

图 10-34　久联发展 2010 年 1 月到 2014 年 12 月期间走势

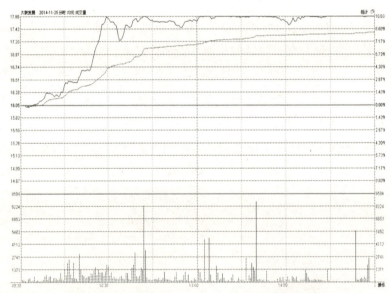

图 10-35　久联发展 2014 年 11 月 25 日涨停分时图

2014 年 11 月 25 日

图 10-36 久联发展涨停板强势突破形态后走势